Rechenspurgeschichten

FÜR DIE GRUNDSCHULE

Stephanie Cech-Wenning

Kleines Einmaleins

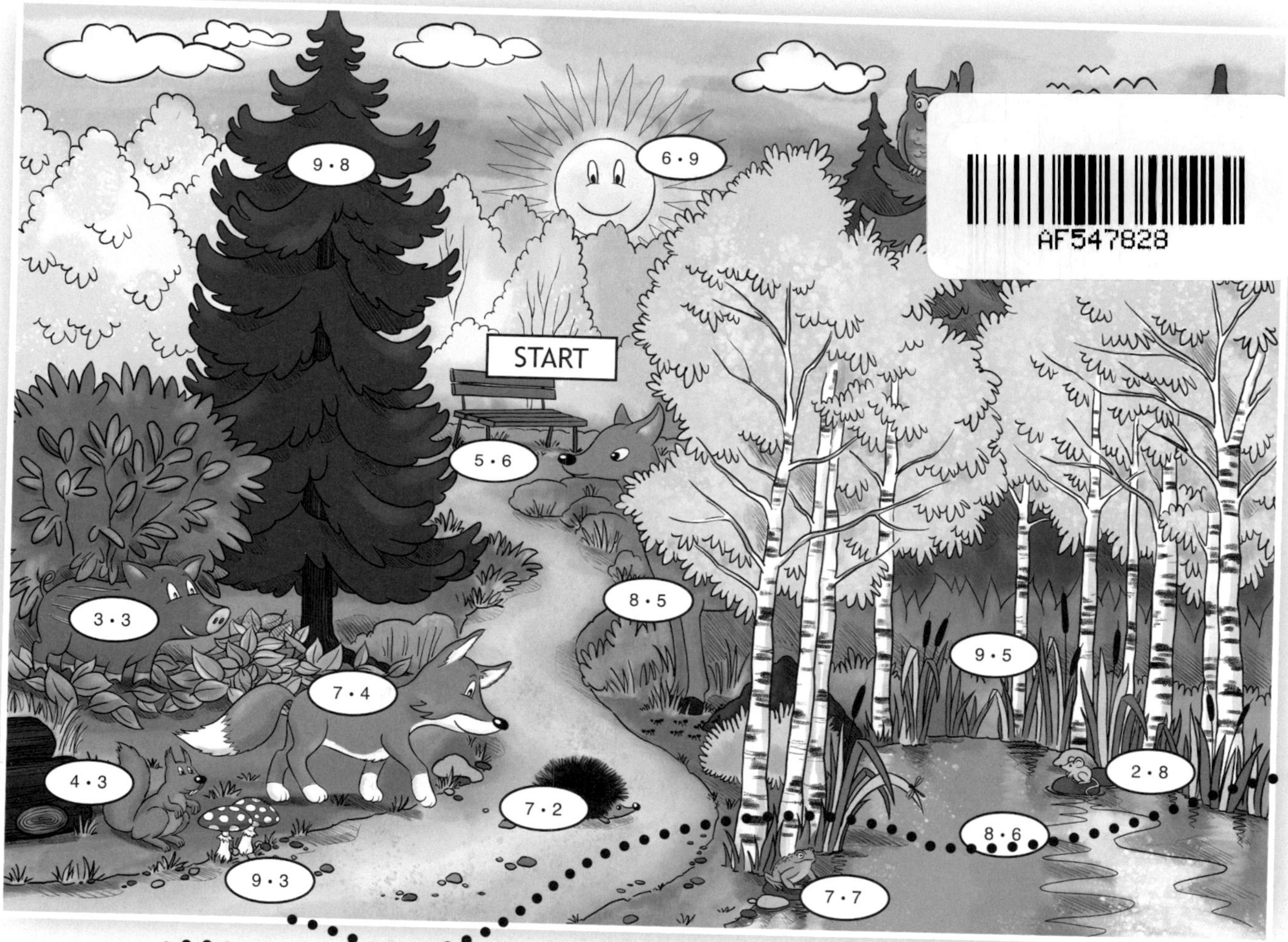

inkl. Zusatzmaterial

Rätselhafte Geschichten
für den Mathematikunterricht

Verlag an der Ruhr

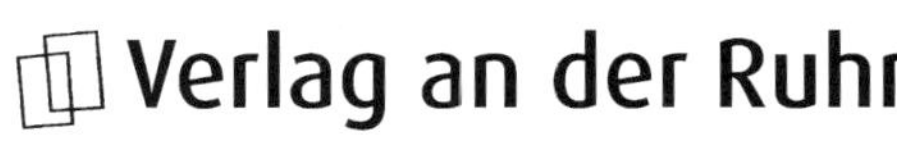

Impressum

Titel
Rechenspurgeschichten für die Grundschule
Kleines Einmaleins – Rätselhafte Geschichten für den Mathematikunterricht
– inkl. Zusatzmaterial

Autorin
Stephanie Cech-Wenning

Umschlagmotiv
Bettina Weyland

Illustrationen
wenn nicht anders angegeben: Bettina Weyland

Druck
Heenemann GmbH & Co. KG, Berlin, DE

Verlag an der Ruhr
Mülheim an der Ruhr
www.verlagruhr.de

Geeignet für die Klassen 2–4

ISBN 978-3-8346-6373-3

Inhaltsverzeichnis

Vorwort & Anleitung

Das kleine Einmaleins gehört zum **arithmetischen Grundwissen**, das im zweiten Schuljahr im Mathematikunterricht der Grundschule eingeführt wird. Es taucht beim halbschriftlichen und schriftlichen Multiplizieren sowie Dividieren in den nächsten Schuljahren der Grundschule und auch im Unterricht der weiterführenden Schulen immer wieder auf. Gleichzeitig zeigt sich in alltäglichen Situationen, dass das kleine Einmaleins als Grundkenntnis unumgänglich ist.

Daher sind wir als Lehrpersonen immer wieder neu gefordert, die Schüler*innen[1] auf ihrem Weg zu unterstützen, gesicherte und automatisierte Kenntnisse der Einmaleinsreihen und der dazugehörigen Aufgaben zu erlangen.
Wenn Schüler*innen Schwierigkeiten bei der Bewältigung dieser Aufgaben haben, werden sie nicht nur punktuell, sondern regelmäßig vermeidbare Fehler machen, Misserfolge erleben und auch weitere mathematische Kenntnisse nur unzureichend erlernen können. Die Zeit, die in die Übung und Festigung zu Beginn investiert wird, zahlt sich in den nachfolgenden Schuljahren aus. Unsere Herausforderung besteht also darin, den Schüler*innen für ihren Lernprozess ausreichend Zeit zu geben und regelmäßige, motivierende Übungssituationen anzubieten, sodass die Lernbereitschaft aufrechterhalten wird und Erfolgserlebnisse gemacht werden können.

In diesem Buch finden Sie **acht spannende Einmaleinsspuren**, mit denen die Schüler*innen auf motivierende Art und Weise die Einmaleinsreihen üben und festigen können. Den Schüler*innen begegnen die Einmaleinsaufgaben in den Einmaleinsspuren, die es zu lösen gilt. Im Vordergrund steht nicht das monotone Bearbeiten von Aufgaben, sondern die zu verfolgende Spur und die Motivation, das Lösungswort zu „knacken". Das Üben der Einmaleinsreihen „passiert ein wenig nebenbei", wird zwar immer bewusst benannt und genutzt, ist aber mehr eine Art „Mittel zum Zweck" und motiviert die Schüler*innen, sich immer wieder aufs Neue in den Lernprozess zu begeben und Kompetenzen zu steigern.

Alle Einmaleinsspuren sind in sich abgeschlossen und stehen für sich. So können Sie die Reihenfolge der Spuren – somit der Einmaleinsreihen – passend für Ihren Unterricht frei wählen. Sie können alle **Einmaleinsspuren oder** aber auch nur **einzelne Spuren bzw. Reihen** auswählen und von den Kindern bearbeiten lassen.
Dadurch, dass die Vorgehensweise bei jeder Einmaleinsspur gleich ist, können die Kinder die einzelnen Einheiten nach der Einführung **selbstständig** bearbeiten. So können Sie den Einsatz völlig flexibel gestalten. Von dem gemeinsamen Bearbeiten einer Einmaleinsspur über das individuelle Angebot verschiedener Spuren gemäß der individuellen Fähigkeiten der Schüler*innen bis hin zum Einsatz in Übungs- oder Vertretungsstunden oder als Stationen im Klassenraum ist alles möglich.

Die Einmaleinsspuren können **im 2. Schuljahr** nach der Einführung der jeweiligen Einmaleinsreihe ebenso angeboten werden wie als Übung am Ende aller Reihen. Sie bieten sich zudem gut als Wiedereinstieg in die Thematik Einmaleins **in Klasse 3 bzw. 4** an und können als wiederholende Übung gedacht sein, um in das halbschriftliche/schriftliche Multiplizieren oder Dividieren einzusteigen.
Basierend auf einer kurzen Rahmengeschichte, mit der die Schüler*innen in verschiedene „Länder" eintauchen, ergeben sich folgende **Einmaleinsspuren** zu folgenden **Einmaleinsreihen**:

Im Land der Süßigkeiten
2er- *und 4er-Reihe*

Im Land des Spielzeugs
5er- *und 10er-Reihe*

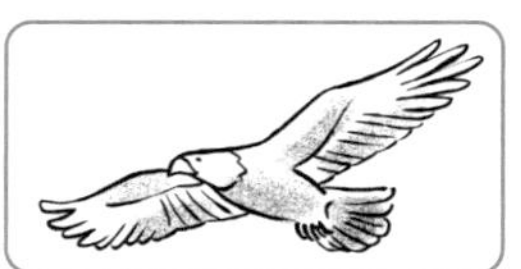

Im Land der wilden Tiere
3er- *und 6er-Reihe*

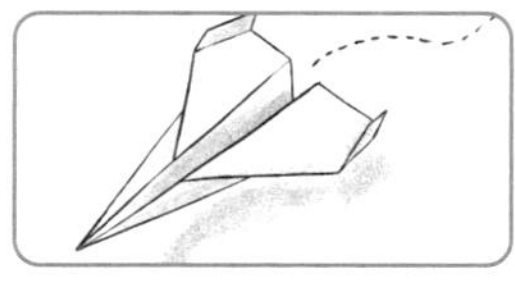

Im Land der Experimente
8er- *und 4er-Reihe*

[1] Der Verlag an der Ruhr legt großen Wert auf eine geschlechtergerechte und inklusive Sprache. Daher nutzen wir das Gendersternchen, um sowohl männliche und weibliche als auch nichtbinäre Geschlechtsidentitäten einzuschließen. Alternativ verwenden wir neutrale Formulierungen. In Texten für Schüler*innen finden sich aus didaktischen Gründen neutrale Begriffe bzw. Doppelformen.

Vorwort & Anleitung

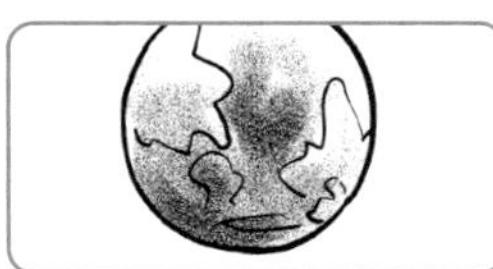

Im Land der Sterne
***9er**- und 3er-Reihe*

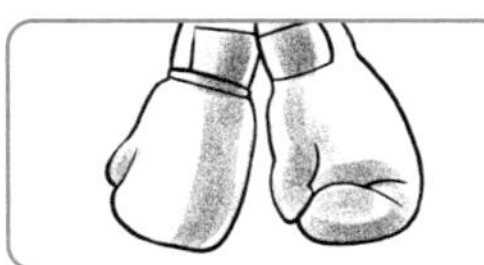

Im Land des Sports
***7er**- und 10er-Reihe*

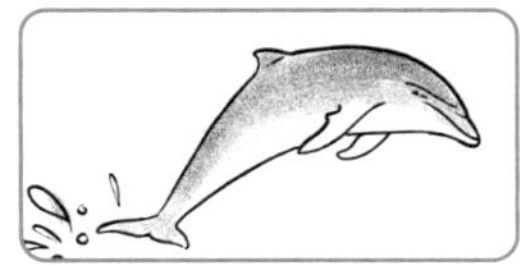

Im Land des Wassers
alle Reihen

Im Land des Waldes
alle Reihen

Die oben aufgeführten Länder-Icons finden Sie entsprechend auf allen **Reisematerialien** (siehe unten) wieder, die zur jeweiligen Einmaleinsspur gehören. Sie dienen zur besseren Orientierung und Ordnung des Materials.
Auf allen Materialien ist unten am Rand zudem noch vermerkt, welche Einmaleinsreihen geübt werden. Dabei ist die **Hauptreihe** mit den meisten Übungsaufgaben **fett gedruckt**. Diese Visualisierung macht den Schüler*innen transparent, in welchem Bereich sie Übungsgelegenheit finden und sie ihre Fähigkeiten steigern können.
Die **Rahmengeschichte** (S. 11/12) für die Einmaleinsspuren handelt von zwei Kindern im Alter der Schüler*innen (Micha und Eleni), die beim Spielen eine geheimnisvolle Tür entdecken. Hinter dieser Tür offenbart sich beim Öffnen jedes Mal eine andere Art von Fantasieland. Die vorhandenen Länder sprechen die Fantasie der Schüler*innen an und legen den Grundstein für die eigentlichen Einmaleinsspuren.
Die Schüler*innen können sich mit Micha und Eleni in **acht Länder** hinter der Tür begeben und die Einmaleinsspuren verfolgen.

Zu jeder Einmaleinsspur gehören folgende **Reisematerialien**:

- eine **Landkarte**, auf der das Land mit diversen Objekten und Einmaleinsaufgaben abgebildet ist und die Route eingezeichnet wird
- ein **Routenplan**, der den Leseweg sowie die Spuren und somit die Reihenfolge der Einmaleinsaufgaben vorgibt
- ein **Ticket**, auf das die Ergebniszahlen der Einmaleinsaufgaben markiert werden und mit dem am Ende ein Lösungswort ermittelt wird
- ein **Wegweiser**, der die Bearbeitungsschritte einer Einmaleinsspur samt benötigter Reisematerialien übersichtlich visualisiert und das systematische und selbstständige Arbeiten begleitet
- das **zusätzliche Übungsmaterial** in drei Schwierigkeitsstufen (Arbeitsblätter)
- ein **Reisetagebuch** als freiwilliges Angebot zur Dokumentation der bearbeiteten Spuren und Reflexion der eigenen Einmaleinskenntnisse

Für die **Bearbeitung** der Einmaleinsspuren benötigen die Schüler*innen neben den oben dargestellten Reisematerialien in kopierter Form lediglich ihr Etui mit Stiften. Für das Reisetagebuch (S. 66–68) wird zusätzlich noch eine Schere und Kleber sowie ggf. ein Briefumschlag oder eine Klarsichthülle gebraucht.

Als **Einstieg** in die Einmaleinsspuren bietet es sich an, gemeinsam das **Bild „Die Tür der Möglichkeiten"** (S. 9) zu betrachten. Rasch stellt sich die Frage, was sich hinter der Tür versteckt, und lässt die Schüler*innen neugierige Überlegungen anstellen. Der Name der Tür „Die Tür der Möglichkeiten" kann genannt werden und weitere Assoziationen bei den Schüler*innen hervorrufen.
Sie können entweder die **große Vorlage** oder die **kleine Abbildung** (S. 10) für die Schüler*innen kopieren, sodass sie diese gemäß ihren Vorstellungen farbig gestalten können. Die großen Türen der Kinder könnten im Klassenraum aufgehängt oder als eine Art **magisches Türenbuch** in einem Hefter oder mit einem besonderen Band gebunden und gesammelt werden. Die verkleinerte Kopie der Tür können die Schüler*innen später für das Reisetagebuch nutzen.

Im Anschluss an die Betrachtung der Tür lernen die Schüler*innen die **Rahmengeschichte von Micha und Eleni** (S. 11/12) kennen und tauchen mit ihnen in die Thematik und Vorgehensweise ein.
Die Rahmengeschichte kann von Ihnen vorgelesen oder aber auch, je nach Lesefähigkeit der Schüler*innen, mit ihnen gemeinsam gelesen werden. Dazu ist die Geschichte zur besseren Lesbarkeit in Abschnitte eingeteilt. Natürlich ist es sinnvoll, nach dem ein oder anderen Abschnitt zu stoppen, den Inhalt zu besprechen, Vermutungen über den weiteren Verlauf

anzustellen und vor allem die **Hinweise** für die **Arbeitsweise zu besprechen**. An dieser Stelle können Sie auch den **Wegweiser** (S. 13) präsentieren. In vergrößerter Form kann er im Klassenraum aufgehängt werden und als Ablaufplan das selbstständige Arbeiten der Schüler*innen unterstützen.

Nun bietet es sich an, **gemeinsam** mit den Schüler*innen eine Einmaleinsspur zu lösen. So **üben** sie den **genauen Ablauf** mit der Landkarte, dem Routenplaner, dem Ticket sowie ggf. dem Reisetagebuch. Anschließend können die Schüler*innen, selbstständig darauf aufbauend, weitere Einmaleinsspuren lösen.

Auf den thematisch verschieden gestalteten **Landkarten** können die Schüler*innen viele verschiedene Dinge entdecken und in das jeweilige „Land" hinter der Tür *eintauchen*. Jede Landkarte enthält **14 verschiedene Objekte bzw. Spuren**, die jeweils mit einer Einmaleinsaufgabe verbunden sind. Diese Einmaleinsaufgaben werden später für den **Routenplan** gebraucht. Dabei gibt es **eine Spur** samt Einmaleinsaufgabe **mehr, als für den Lösungsweg benötigt** wird. Dadurch, dass nicht ersichtlich ist, um welches Motiv es sich handelt, wird sichergestellt, dass die Schüler*innen den Routenplan auch wirklich lesen und entsprechend bearbeiten. Die Schüler*innen sollen ihre **Route** auf der Landkarte **einzeichnen**.

In die Vorlage der Landkarte kann die Route direkt eingezeichnet werden. Die Landkarten könnten im Anschluss an die Bearbeitung der Einmaleinsspur durch die Schüler*innen farbig gestaltet werden. Zudem bietet die Landkarte eine freiwillige Zusatz- bzw. Sternchenaufgabe, das am Ende der Einmaleinsspur ermittelte Lösungswort (Ding/Lebewesen) hineinzumalen.

Zu jeder Landkarte gehört ein **Routenplan**, der eine kurze Geschichte von Michas und Elenis Erlebnissen in dem jeweiligen Land erzählt und den Start für die eigentliche Route gibt. Den Schüler*innen ist der Begriff *Route* sicherlich aus dem Alltag bekannt, sodass sie wissen, dass der Routenplan ihnen einen bestimmten Weg auf der Landkarte vorgibt.
Dadurch, dass die Schüler*innen die einzelnen Stationen/Spuren nicht einfach von oben nach unten durchlesen müssen, sondern sich kreuz und quer auf dem Routenplan und somit auch auf der Landkarte und dem Ticket bewegen, wird die Arbeitsmotivation gesteigert.
Durch die Spurensuche bleibt spannend, wo der Weg entlangführt, wo der nächste Text steht oder das nächste Ergebnis versteckt ist.
Dadurch, dass die Einmaleinsaufgaben in eine kleine Geschichte eingebettet sind, wird zudem die **Lesekompetenz** der Schüler*innen **gefördert**. Die vorhandene überschaubare Textmenge und die sich immer wiederholenden Arbeitsanweisungen stellen aber sicher, dass die Leseleistung nicht zur Hürde für das Lösen der Einmaleinsspur wird. Zudem sind alle benötigten Spuren mit bildlichen Darstellungen verknüpft, sodass auch Schüler*innen mit Deutsch als Zweitsprache eine Unterstützung bzgl. neuer/unbekannter Vokabeln erhalten.

Jede Route beginnt mit dem **START-Feld**, welches auch auf der Landkarte entsprechend mit Start gekennzeichnet ist. Die Schüler*innen suchen das Bild auf der Landkarte, schreiben die Einmaleinsaufgabe in den Routenplan hinein, lösen sie und bekommen den Hinweis auf die nächste Spur auf der Landkarte sowie dem Routenplan. Das Ergebnis wird zudem auf dem Ticket farbig markiert und der Weg auf der Landkarte eingezeichnet. Wenn ein Ergebnis nicht auf dem Ticket zu finden ist, wissen die Schüler*innen sofort, dass sie einen Fehler gemacht haben, und können die Aufgabe erneut rechnen.
Analog zur Landkarte ist auch auf dem Routenplan eine Spur zu viel. Von den 14 Spuren werden nur **13 Bilder** und somit auch nur **13 Aufgaben** gebraucht. Da auch hier nicht eindeutig sichtbar ist, um welche Station es sich handelt, sind die Schüler*innen dazu aufgefordert, genau zu lesen und der vom Text vorgegebenen Reihenfolge nach vorzugehen, damit ein richtiges Lösungswort herauskommt.
Dadurch, dass die Schüler*innen die Einmaleinsaufgaben auch noch aufschreiben und nicht nur das Ergebnis ermitteln müssen, wird die Kombination von Aufgabe und Ergebnis visuell gefördert und die Merkleistung unterstützt.
Wenn sie bei der untersten Spur des Routenplans angekommen sind (siehe Feld „ENDE"), wissen sie, dass sie fertig sind und welche Spur ungenutzt bleibt.

Kopieren Sie die beiden Seiten des Routenplans. Wenn Sie diese doppelseitig kopieren, wird die Spurensuche durch das Umdrehen noch ein wenig spannender, da man nicht alle Spuren auf einen Blick vor sich hat und noch genauer schauen muss, wo weitergelesen wird. Natürlich können Sie die beiden Seiten auch auf ein DIN-A3-Papier kopieren, sodass die Kinder alle Stationen zum Lösen im Blick haben. Das ist ggf. bei Schüler*innen sinnvoll, die grundsätzliche Orientierungs- oder Leseschwierigkeiten haben. Der Routenplan kann aber auch auf zwei Zetteln nebeneinandergelegt angeboten werden. Selbstverständlich kann der Routenplan in laminierter Form oder in einer Klarsichthülle auch mit Folienstiften beschrieben und somit immer wieder verwendet werden.

Alle während der Route ermittelten Ergebniszahlen werden auf dem **Ticket** (S. 62–65) markiert. Vermutlich kennen die Schüler*innen aus ihrem Alltag verschiedene Ticketformen, sodass ihnen die Funktion schnell geläufig sein wird. Die Entwertung findet im Fall der Einmaleinsspuren durch das Markieren der Lösungsergebnisse und dem Notieren des Lösungswortes statt und hat ein Öffnen der geheimnisvollen Tür für Micha und Eleni zurück in die reale Welt zur Folge.
Kopieren Sie die benötigten Tickets in der vorgegebenen Größe in ausreichender Anzahl für Ihre Schüler*innen. Die Tickets können einfach in einem Briefumschlag gesammelt werden. Der Briefumschlag kann mit der kleinen, farbig gestalteten Tür der Möglichkeiten (S. 10) geschmückt werden. Anhand der immer weiter anwachsenden Ticketsammlung erhalten die Schüler*innen einen guten Überblick über ihre geleisteten Anstrengungen.

Jedes **Lösungswort** besteht aus **13 Buchstaben** und **passt thematisch** zum jeweiligen Land. Passt beim Lösungswort ein Buchstabe nicht, können die Schüler*innen mittels des notierten Ergebnisses auf dem Routenplan die Aufgabe wiederfinden, sie erneut rechnen und alles verbessern. Mit diesem System entfällt die direkte Kontrolle durch Sie als Lehrperson.
Dadurch, dass die Ergebniszahlen während der Route ungeordnet markiert werden und es viel zu viele Ergebnisse samt Buchstaben gibt, können die Schüler*innen das Lösungswort ohne Rechnen der Einmaleinsaufgaben nicht direkt ermitteln. Zudem wechselt die Anordnung der Buchstaben zum Ablesen mehrfach. Die Buchstaben des Lösungswortes können entweder waagerecht oder senkrecht abgelesen werden. Welche Richtung gebraucht wird, ist im letzten Feld auf dem Routenplan und jeweils auf den Tickets durch einen Pfeil → ↓ vermerkt.

Falls die Schüler*innen bisher noch keine Erfahrungen mit unterschiedlichen Leserichtungen gemacht haben, sollten Sie die Bedeutung der Pfeile mit ihnen besprechen.

Nach jeder Einmaleinsspur finden Sie zusätzliches **Übungsmaterial** in **drei unterschiedlichen Schwierigkeitsstufen**.
Händigen Sie es schnellen Schüler*innen nach dem Fertigstellen einer Einmaleinsspur aus oder nutzen Sie es, wenn beim Lösen des Weges deutlich wird, dass ein Kind eine Reihe noch intensiver trainieren muss. Es kann also im Unterricht, aber auch als Hausaufgabe eingesetzt werden. Das isolierte Festigen einzelner Reihen durch die zusätzlichen Übungsseiten ist für diese Schüler*innen auch sinnvoll, wenn man ihnen mitteilt, dass es *am Ende* zwei Fantasieländer gibt, bei denen alle Einmaleinsreihen benötigt werden. So ist ihnen die Notwendigkeit klar, dass sie sich gut darauf vorbereiten müssen.

Das Übungsmaterial kann auch besonders gut **vor** der Bearbeitung einer Einmaleinsspur genutzt werden. In diesem Fall dient es als Vorbereitung für das nächste Land, damit die Schüler*innen die beiden Protagonisten Micha und Eleni sicher zum Lösungswort führen können.

Die Übungsaufgaben sind immer gleich bzw. ähnlich aufgebaut, sodass nach einmaliger Erklärung selbstständiges Üben möglich ist.
Die verschiedenen Schwierigkeitsstufen sind auf den Seiten oben rechts durch Symbole gekennzeichnet:

●○○ = einfach

●●○ = mittel

●●● = schwierig

Während die Aufgaben im einfachen Bereich immer noch mit bildhaften Darstellungen ergänzt sind, beziehen sich die Aufgaben der mittleren Schwierigkeitsstufe auf die Kernaufgaben/Nachbaraufgaben der Einmaleinsreihen. Mittels der Kernaufgaben wird geübt, Lösungen weiterer Einmaleinsaufgaben durch Addition oder Subtraktion zu ermitteln.

Vorwort & Anleitung

Sollten Sie diesen „Trick" noch nicht in Ihrem Unterricht thematisiert haben, sollten Sie diese Aufgaben vorab besprechen. Die Aufgaben des dritten Schwierigkeitsgrads sind nicht mehr bildhaft oder systematisch dargeboten, sondern verlangen annähernd gesicherte Grundkenntnisse der jeweiligen Reihen, die mittels der Aufgaben gefestigt werden können.

Mit dem **Reisetagebuch** (S. 66–68) werden die Bemühungen der Schüler*innen sichtbar gewürdigt. Hier sind die Schüler*innen angehalten, ihre persönlichen Leistungen zu **reflektieren** und neben ihren **Stärken** auch Aufgaben zu notieren, die sie noch **intensiver üben** müssen. So haben sie schriftlich festgehalten, welche **Lernziele** noch zu erreichen sind. Das Reisetagebuch kann ggf. von Zeit zu Zeit immer mal wieder hervorgeholt werden. Einst schwierige Aufgaben, die mittlerweile gesichert gelernt wurden, können zum Beispiel durchgestrichen oder mit einem Häkchen als „erledigtes Problem" gekennzeichnet werden.

Wenn die Schüler*innen frei mit den Einmaleinsspuren arbeiten, gibt Ihnen das Reisetagebuch einen **Überblick** über den **Arbeitsstand** der Kinder und welche Aufgaben ggf. **besonderer Übung** bedürfen. Das Reisetagebuch besteht aus einem **Deckblatt** und einer **Tagebuchseite**, die entsprechend der Anzahl an Einmaleinsspuren, die die Schüler*innen bearbeiten, kopiert werden muss.
Auf das Deckblatt kann rechts die kleine Vorlage der „Tür der Möglichkeiten" (S. 10) geklebt werden. Auf jeder Tagebuchseite ist Platz für ein von den Schüler*innen farbig gestaltetes **Länderbild** (S. 67/68). Es stellt einen Ausschnitt aus der Landkarte dar und ist als Erinnerung, gemäß einem Urlaubsfoto, gedacht.
Das Reistagebuch kann an der linken Seite mit einer Heftlasche zusammengehalten oder einfach zusammengetackert werden. Wenn Sie möchten, können Sie von einer DIN-A4-Klarsichthülle die obere Hälfte abschneiden und hinter die letzte Tagebuchseite heften. Dort könnten die zusammengefalteten Landkarten oder auch Tickets gesammelt werden. Ebenso könnten Sie nach der letzten Seite einen Briefumschlag befestigen, in dem die Tickets aufbewahrt werden.

Am Ende des Buches finden Sie **alle Lösungen** (S. 69 ff.) für die richtigen Routen auf den Landkarten, alle Tickets mit markierten Ergebnissen und Lösungswörtern sowie alle Übungsseiten mit den entsprechenden Ergebnissen. Sie können die Lösungen …

- für sich,
- als Hilfestellungen für die Schüler*innen bei falschen Wegen,
- ggf. zur Endkontrolle für die Hand der Schüler*innen nutzen.

Ich wünsche Ihnen und Ihren Schüler*innen viel Spaß, die Einmaleinsaufgaben mit den Einmaleinsspuren auf eine etwas andere Art als gewöhnlich zu üben, und so dem Ziel, gesicherte arithmetische Grundkenntnisse zu vermitteln, wieder ein großes Stück näher zu kommen.

Stephanie Cech-Wenning

Die Tür der Möglichkeiten (1/2)

Die Tür der Möglichkeiten (2/2)

Rahmengeschichte (1/2)

Es ist ein Nachmittag wie jeder andere.
Der Schulunterricht ist schnell vorbei.
Die Hausaufgaben sind erledigt.

Micha und Eleni spielen auf dem Spielplatz neben der Schule.
Sie werfen sich einen leuchtenden Flummi abwechselnd zu. Wenn sie den Flummi besonders fest auf den Boden werfen, blinkt er in vielen Farben.
„Wie Blitze!", staunt Eleni.
Der Flummi fliegt hin und her, hin und her …

Plötzlich kommt er vom Kurs ab und verschwindet durch die offene Tür des Schulgebäudes.
Micha ruft sofort: „Los, hinterher!"
Sie rennen, so schnell sie können. Aus dem Keller hören sie noch ein dumpfes „Plopp, plopp – Plopp!".
Dann ist es still.

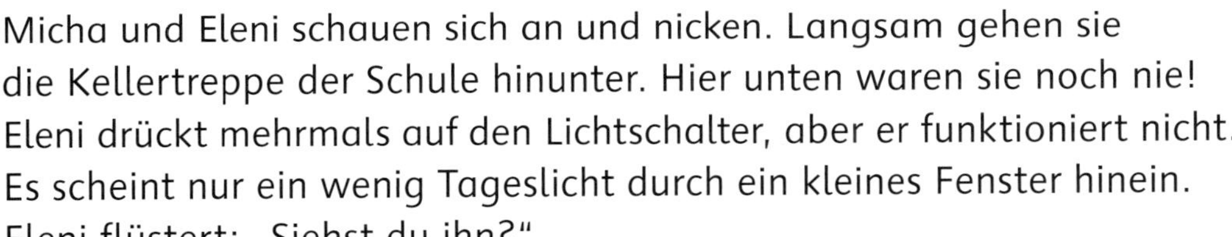

Micha und Eleni schauen sich an und nicken. Langsam gehen sie die Kellertreppe der Schule hinunter. Hier unten waren sie noch nie!
Eleni drückt mehrmals auf den Lichtschalter, aber er funktioniert nicht.
Es scheint nur ein wenig Tageslicht durch ein kleines Fenster hinein.
Eleni flüstert: „Siehst du ihn?"
Micha schüttelt den Kopf.
Als sich ihre Augen an die Dunkelheit gewöhnt haben, sehen sie am Ende des Kellers eine große Tür. Es ist keine gewöhnliche Tür.
„Ich habe noch nie so eine Tür gesehen!
Die gehört doch zu einem Schloss und nicht in unsere Schule", staunt Eleni.
Micha streicht vorsichtig mit der Hand über das uralte Holz.
„Sie fühlt sich ganz weich und irgendwie warm an", stellt er fest.
„Erzähl keinen Quatsch!", schimpft Eleni.

Micha besieht sich die besondere Tür von oben bis unten und entdeckt am unteren Rand seinen Flummi.
„Guck mal Eleni, da ist ja der Flummi!", ruft er.
Gerade als er den Flummi aufheben will, geht ein Ruckeln durch die Tür.
Die Kinder springen überrascht zurück.

Die Tür öffnet sich einen Spalt, dann noch einen und noch einen …
Hinter der Tür wird es hell wie strahlender Sonnenschein.
Der Flummi rollt ganz langsam weiter.
Er rollt durch die Tür und bleibt vor einem Zettel liegen.

Rahmengeschichte (2/2)

„Auf dem Zettel steht was!", staunt Micha. Die beiden Kinder gehen näher. Eleni hebt den Zettel vorsichtig auf. „Ticket", liest sie. Darunter sind Kästchen mit Zahlen und Buchstaben gedruckt. „Verstehst du das?", fragt sie.
Micha schüttelt den Kopf.

Plötzlich rollt der Flummi weiter. Auf dem Boden liegen mehrere Pläne. Micha liest: „Hier steht *Landkarte* und da steht *Routenplan*!"
„Wofür brauchen wir denn eine Landkarte und einen Routenplan?", überlegt Eleni.
Der Flummi bewegt sich noch ein Stück und bleibt vor einem Schild liegen. „Solche Schilder kenne ich aus dem Museum!", meint Micha und liest:

*„Herzlich Willkommen hinter der Tür der Möglichkeiten.
Jedes Mal, wenn sich die Tür öffnet, könnt ihr ein anderes Land der Möglichkeiten entdecken.
Fühlt euch wohl und habt Vergnügen. Habt keine Angst.
Es ist nicht gefährlich.
Der Routenplan zeigt euch die Spuren auf der Landkarte.
Lest genau und folgt den Einmaleinsspuren.
Zeichnet eure Wege auf der Landkarte ein.
Zu jeder Spur gehört eine Einmaleinsaufgabe.
Schreibt die Aufgaben in den Routenplan und findet die Ergebnisse.
Um das Land der Möglichkeiten wieder zu verlassen, müsst ihr die Ergebnisse auf dem Ticket markieren.
So kommt ihr zum Lösungswort. Das Lösungswort öffnet euch die Tür zurück nach draußen."*

In diesem Moment fällt die sonderbare Tür hinter Micha und Eleni zu. Und vor ihnen liegt …

Wegweiser

Du brauchst:
Landkarte, Routenplan, Ticket, Stifte
★ Reisetagebuch, Schere, Kleber

1. Nimm dir die **Landkarte** und den **Routenplan**. Beginne bei START.
2. Lies die Spur, trage die **Aufgabe** im Routenplan ein und rechne sie aus.
3. Markiere das **Ergebnis** auf dem **Ticket**.
4. Suche die **nächste Spur** auf der Landkarte und zeichne den **Weg** ein. Suche das **passende Bild** im Routenplan und trage daneben wieder die **Aufgabe** und das **Ergebnis** ein. Der Text verrät dir die **nächste Spur**.
5. Mache dies bis zum **Ende des Routenplans** weiter.

★ **6.** Fülle das **Reisetagebuch** aus. Klebe das **Länderbild** dazu und male es an.

Wegweiser

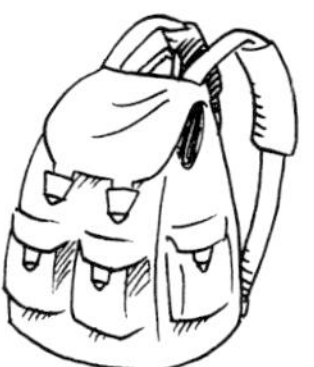

Du brauchst:
Landkarte, Routenplan, Ticket, Stifte
★ Reisetagebuch, Schere, Kleber

1. Nimm dir die **Landkarte** und den **Routenplan**. Beginne bei START.
2. Lies die Spur, trage die **Aufgabe** im Routenplan ein und rechne sie aus.
3. Markiere das **Ergebnis** auf dem **Ticket**.
4. Suche die **nächste Spur** auf der Landkarte und zeichne den **Weg** ein. Suche das **passende Bild** im Routenplan und trage daneben wieder die **Aufgabe** und das **Ergebnis** ein. Der Text verrät dir die **nächste Spur**.
5. Mache dies bis zum **Ende des Routenplans** weiter.

★ **6.** Fülle das **Reisetagebuch** aus. Klebe das **Länderbild** dazu und male es an.

Rechenspurgeschichten für die Grundschule – **Kleines Einmaleins** 13
© Verlag an der Ruhr | Autorin: Stephanie Cech-Wenning | www.verlagruhr.de
Illustrationen: Norbert Höveler

Landkarte – „Im Land der Süßigkeiten"

8 • 4

0 • 4

7 • 2

Mein süßer Schatz

3 • 2

2 • 4

ich Dich liebe

2 • 2

10 • 2

START

6 • 4

9 • 2

5 • 2

6 • 2

8 • 2

9 • 4

7 • 4

★ **Male das Lösungswort dazu!**

Routenplan (1/2)

Vor Micha und Eleni liegt ein Land voller Bonbons, Lollis und süßen Sachen. Eleni nimmt sofort ein Bonbon.
Micha nascht Popcorn. Eleni ruft: „Toll!"
„In so einem Land wollte ich schon immer sein!", jubelt Micha.
Eleni dreht am Kaugummiautomaten.
Sie lacht laut. Ganz viele Kaugummis rollen auf den Boden!

Eleni fragt: „Wie heißt das Lösungswort?"
Das Ticket liegt beim Bonbonglas.
Sie folgen den Spuren!

Hilf ihnen, das Lösungswort zu finden!

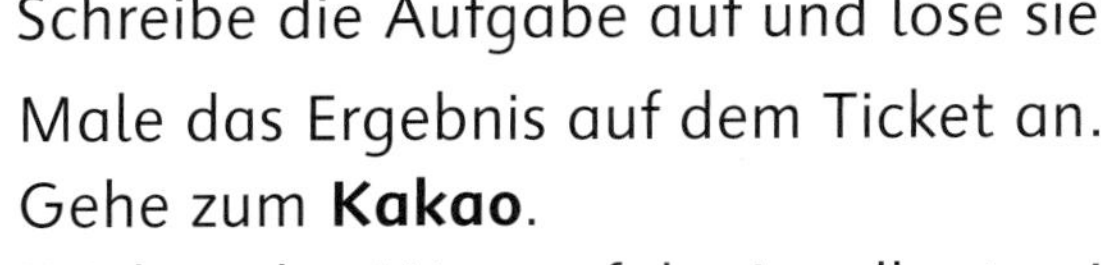

Schreibe die Aufgabe auf und löse sie:
Male das Ergebnis auf dem Ticket an.
Gehe zum **Kakao**.
Zeichne den Weg auf der Landkarte ein.

.... • .... = ...

Schreibe die Aufgabe auf und löse sie:
Male das Ergebnis auf dem Ticket an.
Gehe zum **Kaugummiautomaten**.
Zeichne den Weg auf der Landkarte ein.

.... • .... = ...

Schreibe die Aufgabe auf und löse sie:
Male das Ergebnis auf dem Ticket an.
Gehe zum **Popcorn**.
Zeichne den Weg auf der Landkarte ein.

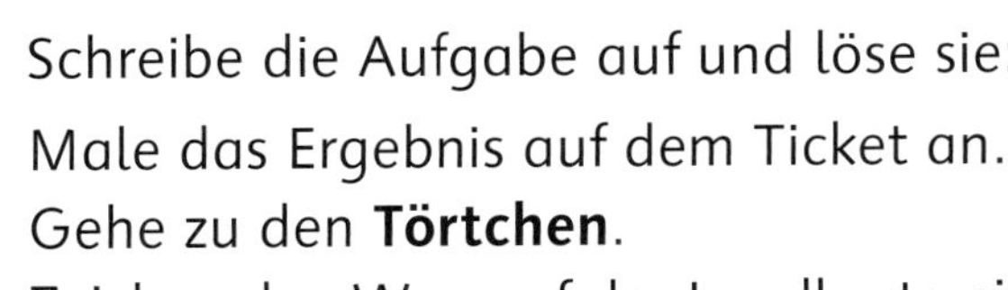

Schreibe die Aufgabe auf und löse sie:
Male das Ergebnis auf dem Ticket an.
Gehe zu den **Törtchen**.
Zeichne den Weg auf der Landkarte ein.

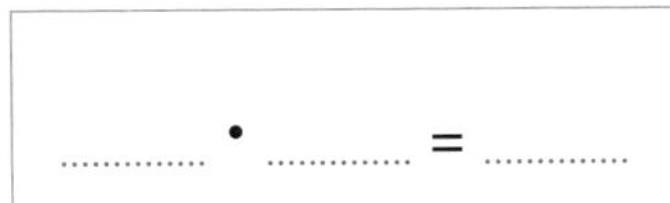

Schreibe die Aufgabe auf und löse sie:
Male das Ergebnis auf dem Ticket an.
Gehe zu den **Schokobananen**.
Zeichne den Weg auf der Landkarte ein.

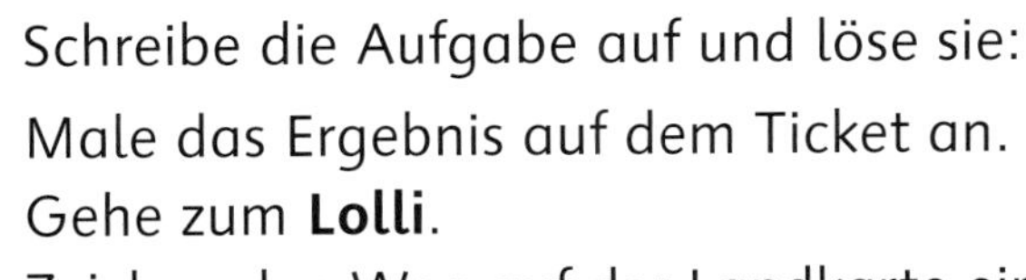

Schreibe die Aufgabe auf und löse sie:
Male das Ergebnis auf dem Ticket an.
Gehe zum **Lolli**.
Zeichne den Weg auf der Landkarte ein.

Routenplan (2/2)

Schreibe die Aufgabe auf und löse sie:
Male das Ergebnis auf dem Ticket an.
Gehe zur **Zuckerwatte**.
Zeichne den Weg auf der Landkarte ein.

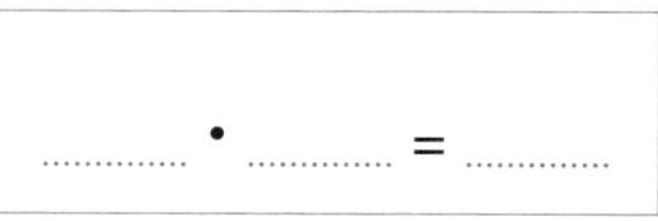

Schreibe die Aufgabe auf und löse sie:
Male das Ergebnis auf dem Ticket an.
Gehe zur **Limonade**.
Zeichne den Weg auf der Landkarte ein.

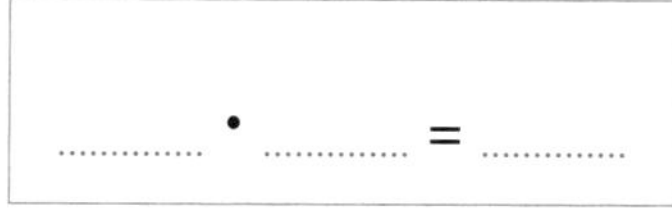

Schreibe die Aufgabe auf und löse sie:
Male das Ergebnis auf dem Ticket an.
Gehe zu den **Zuckerherzen**.
Zeichne den Weg auf der Landkarte ein.

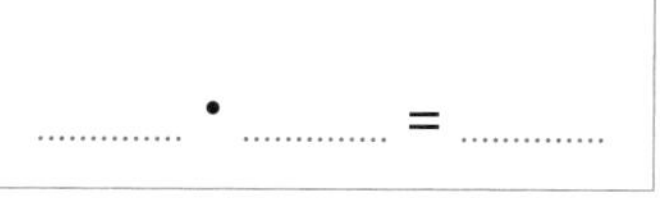

Schreibe die Aufgabe auf und löse sie:
Male das Ergebnis auf dem Ticket an.
Gehe zu den **Zuckerstangen**.
Zeichne den Weg auf der Landkarte ein.

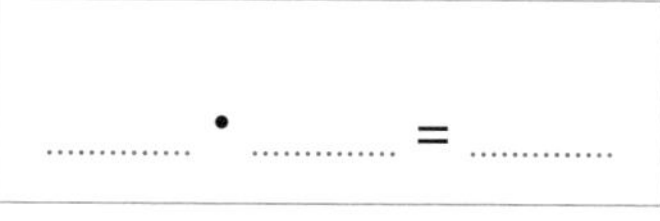

Schreibe die Aufgabe auf und löse sie:
Male das Ergebnis auf dem Ticket an.
Gehe zum **Bonbonteller**.
Zeichne den Weg auf der Landkarte ein.

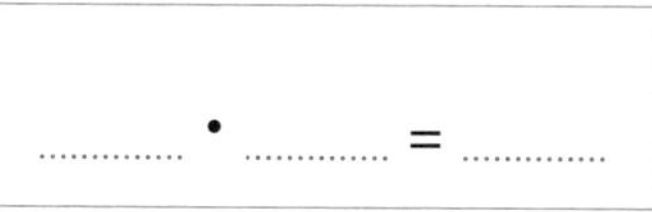

Schreibe die Aufgabe auf und löse sie:
Male das Ergebnis auf dem Ticket an.
Gehe zu den **Zuckermäusen**.
Zeichne den Weg auf der Landkarte ein.

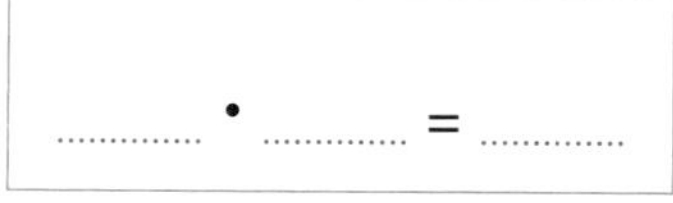

Schreibe die Aufgabe auf und löse sie:
Male das Ergebnis auf dem Ticket an.
Gehe zur **Limonade**.
Zeichne den Weg auf der Landkarte ein.

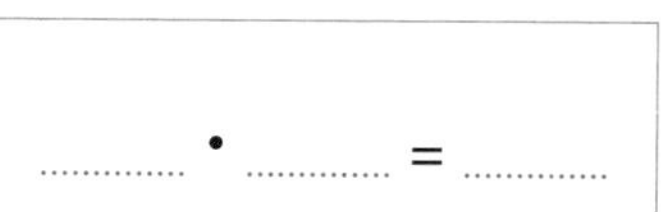

Schreibe die Aufgabe auf und löse sie:
Male das Ergebnis auf dem Ticket an.
Schreibe das **Lösungswort** auf.
Beginne oben.
Schreibe die Buchstaben von links nach rechts (→) hin.
Öffne damit die Tür nach draußen.
Geschafft!

Den ganzen Tag denken Micha und Eleni an die Abenteuer hinter der Tür.
Viele Malaufgaben fliegen in ihren Köpfen herum.
Hilf ihnen, die Aufgaben zu lösen.

1. Rechne zu jedem Bild die Plusaufgabe und die Malaufgabe.

4 + 4 + ... 5 •	....	....
....	....	....

2. Rechne Aufgabe und Tauschaufgabe.

8 • 4 = ... 4 • .... = ...	....	....	....

Tag und Nacht denken Micha und Eleni an die Abenteuer hinter der Tür. Viele Malaufgaben fliegen in ihren Köpfen herum. Hilf ihnen, die Aufgaben zu lösen.

1. Male die Ergebnisse der 2er-Reihe gelb und die Ergebnisse der 4er-Reihe blau an.

1	2	3	4	5	6	7	8	9	10
11	12	13	14	15	16	17	18	19	20
21	22	23	24	25	26	27	28	29	30
31	32	33	34	35	36	37	38	39	40
41	42	43	44	45	46	47	48	49	50
51	52	53	54	55	56	57	58	59	60
61	62	63	64	65	66	67	68	69	70
71	72	73	74	75	76	77	78	79	80
81	82	83	84	85	86	87	88	89	90
91	92	93	94	95	96	97	98	99	100

2. Löse die Kernaufgaben.

1 • 2 = ...	1 • 4 = ...
2 • 2 = ...	2 • 4 = ...
5 • 2 = ...	5 • 4 = ...
10 • 2 = ...	10 • 4 = ...

3. Rechne die Aufgaben. Die Kernaufgaben können dir helfen.

2 • 2 = ...	5 • 2 = ...	5 • 2 = ...	10 • 2 = ...	10 • 2 = ...
2 • 2 = ...	1 • 2 = ...	2 • 2 = ...	1 • 2 = ...	2 • 2 = ...
4 • 2 = ...	6 • 2 = ...	7 • 2 = ...	9 • 2 = ...	8 • 2 = ...
2 • 4 = ...	5 • 4 = ...	5 • 4 = ...	10 • 4 = ...	10 • 4 = ...
2 • 4 = ...	1 • 4 = ...	2 • 4 = ...	1 • 4 = ...	2 • 4 = ...
4 • 4 = ...	6 • 4 = ...	7 • 4 = ...	9 • 4 = ...	8 • 4 = ...

In der Nacht träumen Micha und Eleni von ihrem Abenteuer hinter der Tür.
Viele Malaufgaben kreisen in ihren Träumen herum.
Hilf ihnen, die Aufgaben und Ergebnisse zu finden.

1. Suche drei Malaufgaben und ihre Ergebnisse. Verbinde und schreibe die Aufgaben auf.

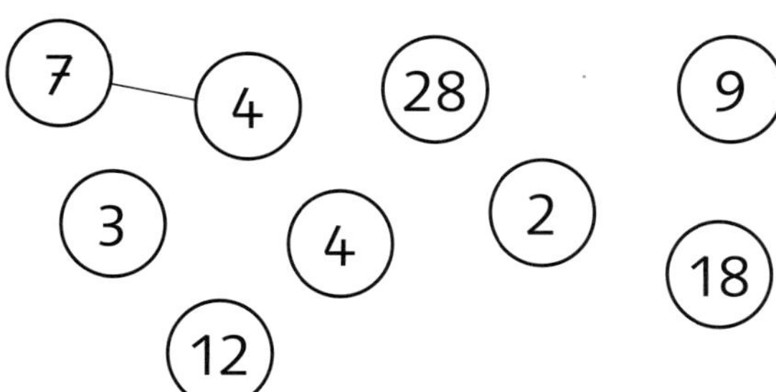

7 • 4 = ...

.... • .... = ...

.... • .... = ...

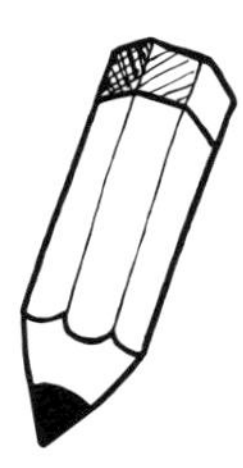

10 2 20 0 0 4 7 2 14

.... • .... = ...

.... • .... = ...

.... • .... = ...

2. Löse die Malaufgaben.

• 2	
5	
7	
3	
6	
2	
10	
	8
	18
	2
	16
	0

• 4	
4	
9	
3	
7	
5	
1	
	0
	40
	8
	24
	32

Landkarte – „Im Land des Spielzeugs“

1 • 5

0 • 5

10 • 5

5 • 5

10 • 10

9 • 5

3 • 5

2 • 5

7 • 10

6 • 5

7 • 5

START

4 • 10

9 • 10

4 • 5

★ Male das Lösungswort dazu!

Routenplan (1/2)

Micha und Eleni betreten ein Land voller Spielsachen.
Eleni hebt den Hubschrauber in die Luft.
Micha staunt: „Der Teddy ist aber weich!"
Sie fahren mit dem Roboter.
Micha spielt mit dem Dino.
Eleni jubelt: „Das ist ein tolles Land!"

Eleni fragt: „Wie heißt das Lösungswort?"
Das Ticket liegt beim Kartenspiel.
Sie folgen den Spuren!

Hilf ihnen, das Lösungswort zu finden!

START

Schreibe die Aufgabe auf und löse sie:
Male das Ergebnis auf dem Ticket an.
Gehe zum **Boot**.
Zeichne den Weg auf der Landkarte ein.

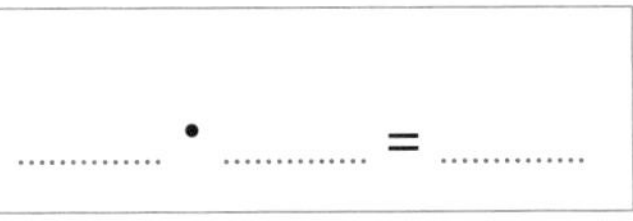

Schreibe die Aufgabe auf und löse sie:
Male das Ergebnis auf dem Ticket an.
Gehe zu den **Würfeln**.
Zeichne den Weg auf der Landkarte ein.

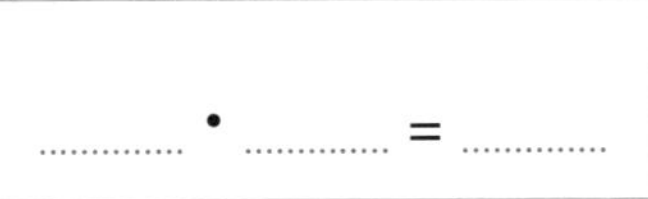

Schreibe die Aufgabe auf und löse sie:
Male das Ergebnis auf dem Ticket an.
Gehe zum **Teddy**.
Zeichne den Weg auf der Landkarte ein.

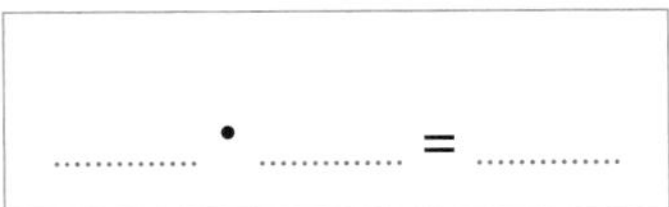

Schreibe die Aufgabe auf und löse sie:
Male das Ergebnis auf dem Ticket an.
Gehe zum **Kran**.
Zeichne den Weg auf der Landkarte ein.

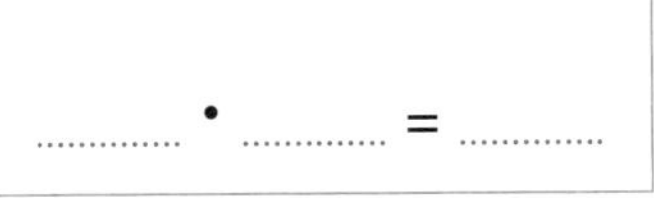

Schreibe die Aufgabe auf und löse sie:
Male das Ergebnis auf dem Ticket an.
Gehe zum **Roboter**.
Zeichne den Weg auf der Landkarte ein.

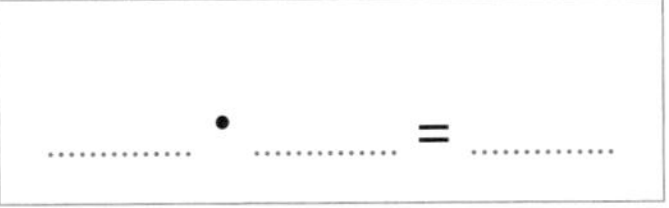

Schreibe die Aufgabe auf und löse sie:
Male das Ergebnis auf dem Ticket an.
Gehe zu den **Stiften**.
Zeichne den Weg auf der Landkarte ein.

...... • ...... = ...

Routenplan (2/2)

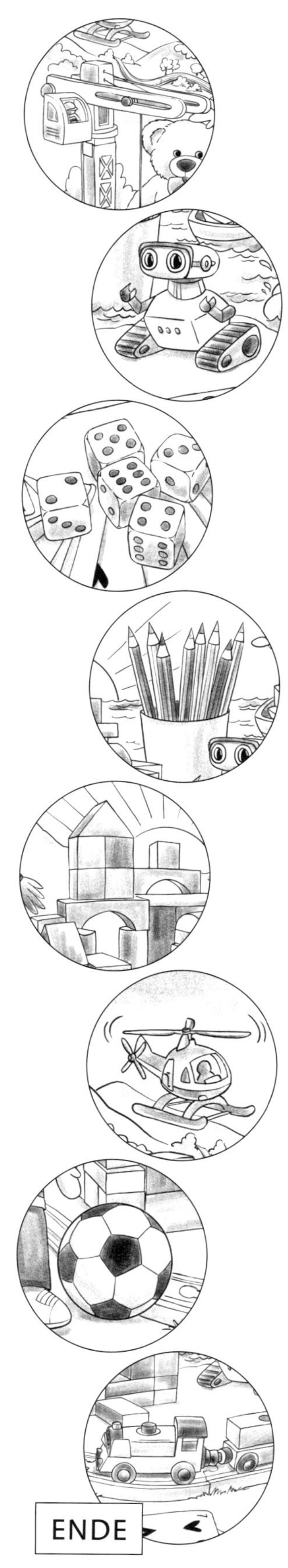

Schreibe die Aufgabe auf und löse sie:
Male das Ergebnis auf dem Ticket an.
Gehe zum **Teddy**.
Zeichne den Weg auf der Landkarte ein.

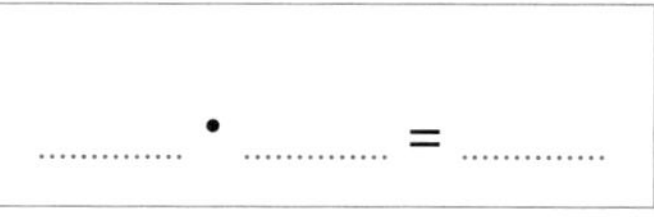

Schreibe die Aufgabe auf und löse sie:
Male das Ergebnis auf dem Ticket an.
Gehe zur **Eisenbahn**.
Zeichne den Weg auf der Landkarte ein.

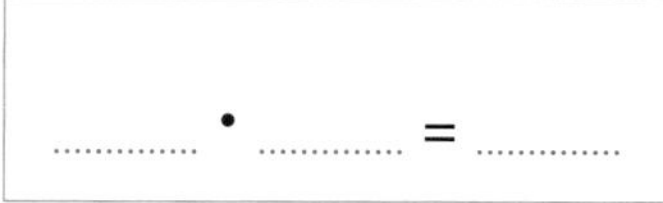

Schreibe die Aufgabe auf und löse sie:
Male das Ergebnis auf dem Ticket an.
Gehe zum **Hubschrauber**.
Zeichne den Weg auf der Landkarte ein.

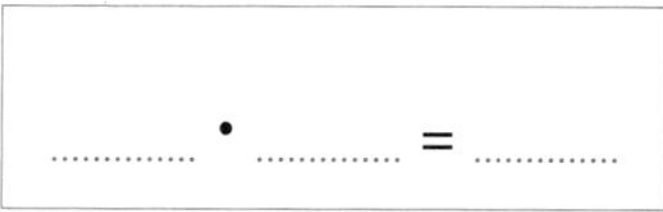

Schreibe die Aufgabe auf und löse sie:
Male das Ergebnis auf dem Ticket an.
Gehe zum **Fußball**.
Zeichne den Weg auf der Landkarte ein.

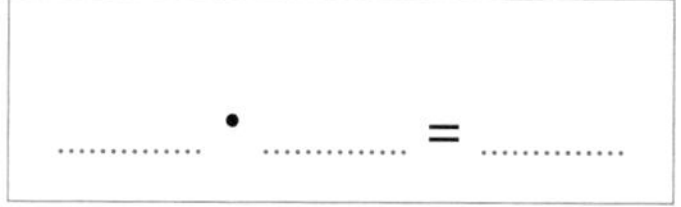

Schreibe die Aufgabe auf und löse sie:
Male das Ergebnis auf dem Ticket an.
Gehe zum **Dinosaurier**.
Zeichne den Weg auf der Landkarte ein.

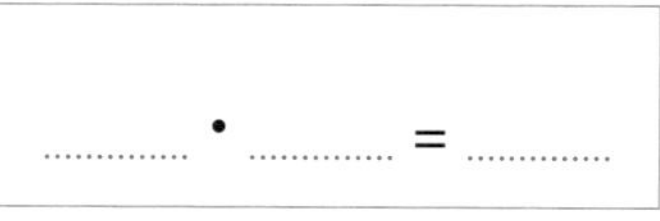

Schreibe die Aufgabe auf und löse sie:
Male das Ergebnis auf dem Ticket an.
Gehe zur **Puppe**.
Zeichne den Weg auf der Landkarte ein.

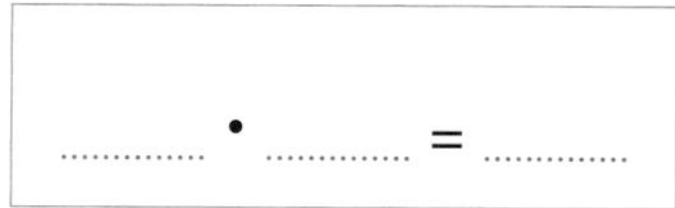

Schreibe die Aufgabe auf und löse sie:
Male das Ergebnis auf dem Ticket an.
Gehe zu den **Bausteinen**.
Zeichne den Weg auf der Landkarte ein.

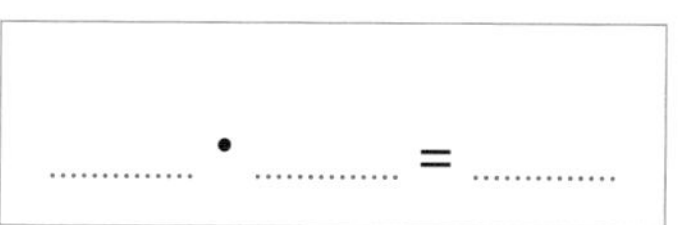

Schreibe die Aufgabe auf und löse sie:
Male das Ergebnis auf dem Ticket an.
Schreibe das **Lösungswort** auf:
Beginne oben.
Schreibe die Buchstaben von oben nach unten (↓) hin.
Öffne damit die Tür nach draußen.
Geschafft!

…………… • …………… = ……………

Den ganzen Tag denken Micha und Eleni an die Abenteuer hinter der Tür.
Viele Malaufgaben fliegen in ihren Köpfen herum.
Hilf ihnen, die Aufgaben zu lösen.

1. Rechne zu jedem Bild die Plusaufgabe und die Malaufgabe.

5 + 5 + …………… 5 • ……………	…………… ……………	…………… ……………
…………… ……………	…………… ……………	…………… ……………

2. Rechne Aufgabe und Tauschaufgabe.

9 • 5 = …………… 5 • ………… = …………	…………… ……………	…………… ……………	…………… ……………

Tag und Nacht denken Micha und Eleni an die Abenteuer hinter der Tür.
Viele Malaufgaben fliegen in ihren Köpfen herum.
Hilf ihnen, die Aufgaben zu lösen.

1. Male die Ergebnisse der 5er-Reihe gelb und die Ergebnisse der 10er-Reihe blau an.

1	2	3	4	5	6	7	8	9	10
11	12	13	14	15	16	17	18	19	20
21	22	23	24	25	26	27	28	29	30
31	32	33	34	35	36	37	38	39	40
41	42	43	44	45	46	47	48	49	50
51	52	53	54	55	56	57	58	59	60
61	62	63	64	65	66	67	68	69	70
71	72	73	74	75	76	77	78	79	80
81	82	83	84	85	86	87	88	89	90
91	92	93	94	95	96	97	98	99	100

2. Löse die Kernaufgaben.

1 • 5 = ...	1 • 10 = ...
2 • 5 = ...	2 • 10 = ...
5 • 5 = ...	5 • 10 = ...
10 • 5 = ...	10 • 10 = ...

3. Rechne die Aufgaben. Die Kernaufgaben können dir helfen.

2 • 5 = ...	5 • 5 = ...	5 • 5 = ...	10 • 5 = ...	10 • 5 = ...
2 • 5 = ...	1 • 5 = ...	2 • 5 = ...	1 • 5 = ...	2 • 5 = ...
4 • 5 = ...	6 • 5 = ...	7 • 5 = ...	9 • 5 = ...	8 • 5 = ...

2 • 10 = ...	5 • 10 = ...	5 • 10 = ...	10 • 10 = ...	10 • 10 = ...
2 • 10 = ...	1 • 10 = ...	2 • 10 = ...	1 • 10 = ...	2 • 10 = ...
4 • 10 = ...	6 • 10 = ...	7 • 10 = ...	9 • 10 = ...	8 • 10 = ...

In der Nacht träumen Micha und Eleni von einem Abenteuer hinter der Tür.
Viele Malaufgaben kreisen in ihren Träumen herum.
Hilf ihnen, die Aufgaben und Ergebnisse zu finden.

**1. Suche drei Malaufgaben und ihre Ergebnisse.
Verbinde und schreibe die Aufgaben auf!**

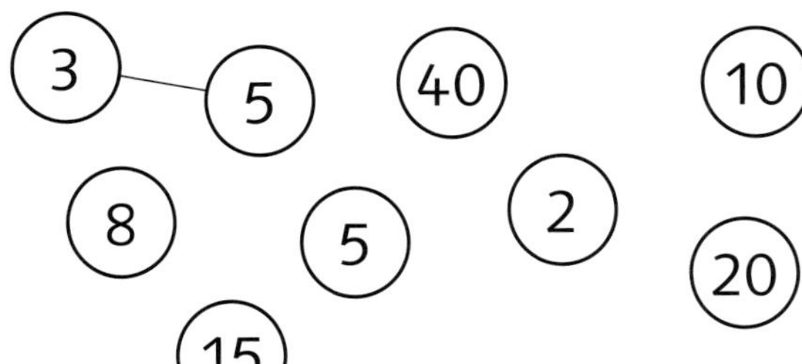

3 • 5 = ...

.... • .... = ...

.... • .... = ...

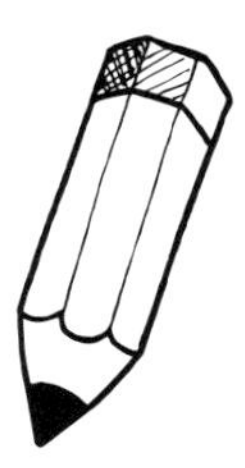

7 9 9 10

5 5 45 90

35

.... • .... = ...

.... • .... = ...

.... • .... = ...

2. Löse die Malaufgaben.

• 5	
10	
7	
9	
6	
2	
5	
	15
	0
	20
	40
	5

• 10	
9	
2	
3	
7	
5	
1	
	60
	40
	80
	100
	0

Landkarte – „Im Land der wilden Tiere“

7 · 3
8 · 6
8 · 3
9 · 6
1 · 3
5 · 6
7 · 6
6 · 6
4 · 3
5 · 3
START
3 · 6
2 · 3
9 · 3
3 · 3

★ **Male das Lösungswort dazu!**

Routenplan (1/2)

Die Tür öffnet sich. Vor Micha und Eleni steht ein Kamel.
Ein Löwe liegt im Gras. Elenis Mund steht weit auf.
Sie staunt: „So viele Tiere. Ist das großartig!"
Micha meint: „Ich glaube, ich träume!"
Er streichelt ein Nashorn.
Auch der Eisbär ist ganz zahm.

Eleni fragt: „Wie heißt das Lösungswort?"
Das Ticket liegt beim Zebra.
Sie folgen den Spuren!

Hilf ihnen, das Lösungswort zu finden!

START

Schreibe die Aufgabe auf und löse sie:
Male das Ergebnis auf dem Ticket an.
Gehe zum **Kamel**.
Zeichne den Weg auf der Landkarte ein.

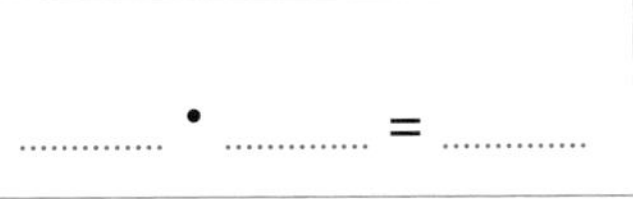

Schreibe die Aufgabe auf und löse sie:
Male das Ergebnis auf dem Ticket an.
Gehe zum **Nashorn**.
Zeichne den Weg auf der Landkarte ein.

Schreibe die Aufgabe auf und löse sie:
Male das Ergebnis auf dem Ticket an.
Gehe zum **Papagei**.
Zeichne den Weg auf der Landkarte ein.

Schreibe die Aufgabe auf und löse sie:
Male das Ergebnis auf dem Ticket an.
Gehe zum **Känguru**.
Zeichne den Weg auf der Landkarte ein.

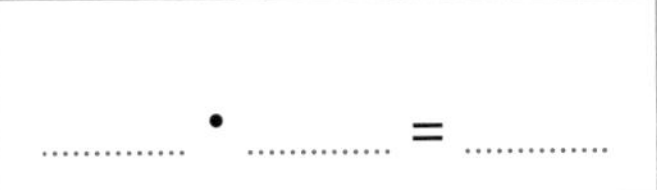

Schreibe die Aufgabe auf und löse sie:
Male das Ergebnis auf dem Ticket an.
Gehe zur **Giraffe**.
Zeichne den Weg auf der Landkarte ein.

Schreibe die Aufgabe auf und löse sie:
Male das Ergebnis auf dem Ticket an.
Gehe zum **Nashorn**.
Zeichne den Weg auf der Landkarte ein.

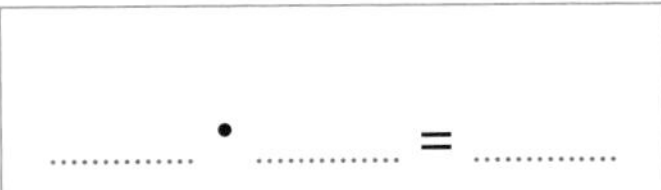

Routenplan (2/2)

Schreibe die Aufgabe auf und löse sie:
Male das Ergebnis auf dem Ticket an.
Gehe zum **Flamingo**.
Zeichne den Weg auf der Landkarte ein.

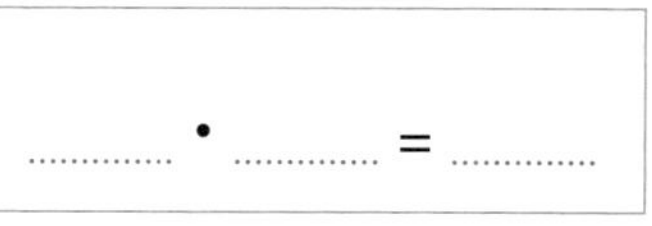

Schreibe die Aufgabe auf und löse sie:
Male das Ergebnis auf dem Ticket an.
Gehe zum **Tiger**.
Zeichne den Weg auf der Landkarte ein.

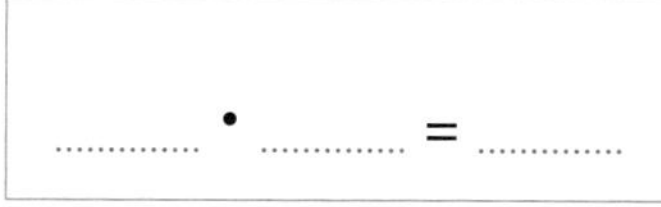

Schreibe die Aufgabe auf und löse sie:
Male das Ergebnis auf dem Ticket an.
Gehe zum **Eisbären**.
Zeichne den Weg auf der Landkarte ein.

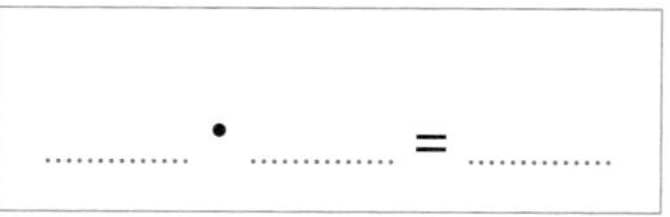

Schreibe die Aufgabe auf und löse sie:
Male das Ergebnis auf dem Ticket an.
Gehe zum **Elefanten**.
Zeichne den Weg auf der Landkarte ein.

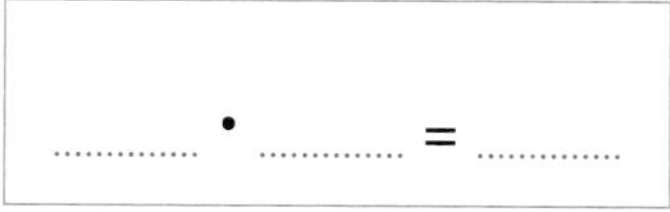

Schreibe die Aufgabe auf und löse sie:
Male das Ergebnis auf dem Ticket an.
Gehe zum **Affen**.
Zeichne den Weg auf der Landkarte ein.

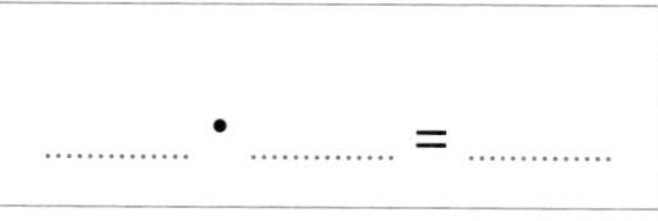

Schreibe die Aufgabe auf und löse sie:
Male das Ergebnis auf dem Ticket an.
Gehe zur **Schlange**.
Zeichne den Weg auf der Landkarte ein.

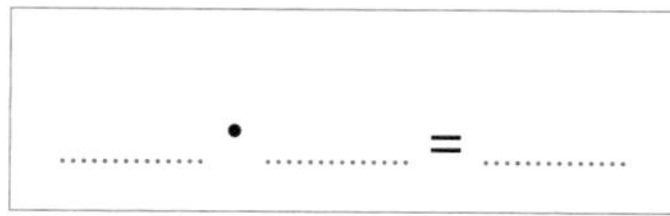

Schreibe die Aufgabe auf und löse sie:
Male das Ergebnis auf dem Ticket an.
Gehe zum **Löwen**.
Zeichne den Weg auf der Landkarte ein.

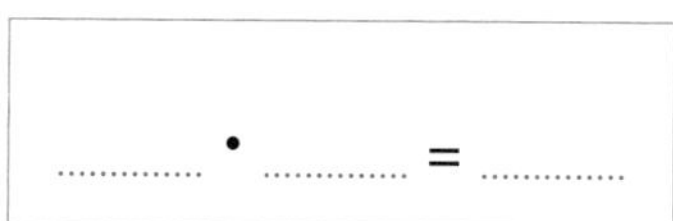

Schreibe die Aufgabe auf und löse sie:
Male das Ergebnis auf dem Ticket an.
Schreibe das **Lösungswort** auf.
Beginne oben.
Schreibe die Buchstaben von oben nach unten (↓) hin.
Öffne damit die Tür nach draußen.
Geschafft!

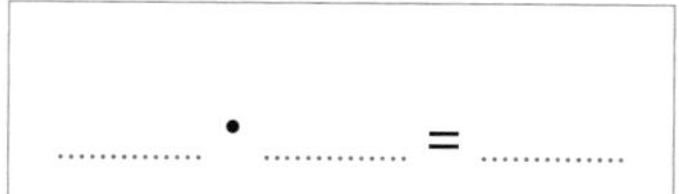

Den ganzen Tag denken Micha und Eleni an die Abenteuer hinter der Tür.
Viele Malaufgaben fliegen in ihren Köpfen herum.
Hilf ihnen, die Aufgaben zu lösen.

1. Rechne zu jedem Bild die Plusaufgabe und die Malaufgabe.

3 + 3 + ... 6 •	....	....
....	....	....

2. Rechne Aufgabe und Tauschaufgabe.

8 • 3 = ... 3 • .... = ...	....	....	....

Tag und Nacht denken Micha und Eleni an die Abenteuer hinter der Tür.
Viele Malaufgaben fliegen in ihren Köpfen herum.
Hilf ihnen, die Aufgaben zu lösen.

1. Male die Ergebnisse der 3er-Reihe rot und die Ergebnisse der 6er-Reihe gelb an.

1	2	3	4	5	6	7	8	9	10
11	12	13	14	15	16	17	18	19	20
21	22	23	24	25	26	27	28	29	30
31	32	33	34	35	36	37	38	39	40
41	42	43	44	45	46	47	48	49	50
51	52	53	54	55	56	57	58	59	60
61	62	63	64	65	66	67	68	69	70
71	72	73	74	75	76	77	78	79	80
81	82	83	84	85	86	87	88	89	90
91	92	93	94	95	96	97	98	99	100

2. Löse die Kernaufgaben.

1 • 3 = ...	1 • 6 = ...
2 • 3 = ...	2 • 6 = ...
5 • 3 = ...	5 • 6 = ...
10 • 3 = ...	10 • 6 = ...

3. Rechne die Aufgaben. Die Kernaufgaben können dir helfen.

2 • 3 = ...	5 • 3 = ...	5 • 3 = ...	10 • 3 = ...	10 • 3 = ...
2 • 3 = ...	1 • 3 = ...	2 • 3 = ...	1 • 3 = ...	2 • 3 = ...
4 • 3 = ...	6 • 3 = ...	7 • 3 = ...	9 • 3 = ...	8 • 3 = ...

2 • 6 = ...	5 • 6 = ...	5 • 6 = ...	10 • 6 = ...	10 • 6 = ...
2 • 6 = ...	1 • 6 = ...	2 • 6 = ...	1 • 6 = ...	2 • 6 = ...
4 • 6 = ...	6 • 6 = ...	7 • 6 = ...	9 • 6 = ...	8 • 6 = ...

In der Nacht träumen Micha und Eleni von einem Abenteuer hinter der Tür.
Viele Malaufgaben kreisen in ihren Träumen herum.
Hilf ihnen, die Aufgaben und Ergebnisse zu finden.

1. Suche drei Malaufgaben und ihre Ergebnisse. Verbinde und schreibe die Aufgaben auf!

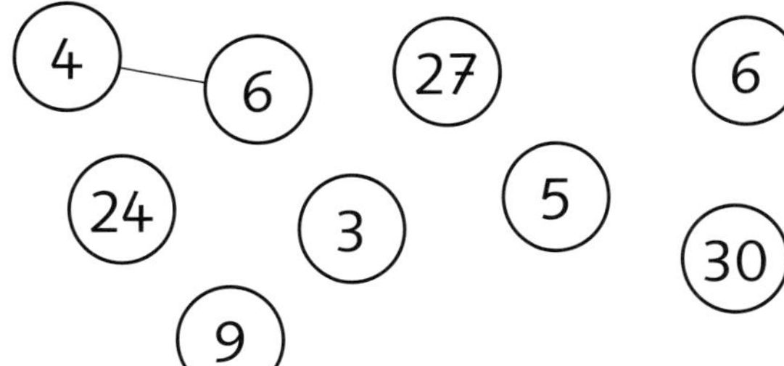

4 • 6 = ...

.... • .... = ...

.... • .... = ...

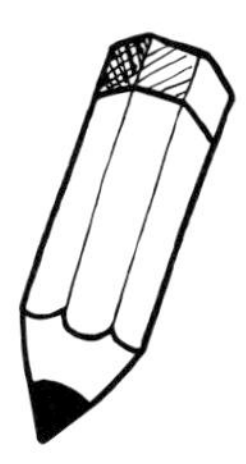

7 21 48 6 3 6 9 54 8

.... • .... = ...

.... • .... = ...

.... • .... = ...

2. Löse die Malaufgaben.

• 3	
0	
4	
8	
3	
9	
7	
	3
	15
	6
	30
	18

• 6	
9	
4	
3	
7	
6	
2	
	0
	6
	48
	60
	30

Landkarte – „Im Land der Experimente"

3 • 8

7 • 8

3 • 4

2 • 8

5 • 8

6 • 8

0 • 8

7 • 4

8 • 8

4 • 8

10 • 8

2 • 4

START

9 • 8

9 • 4

★ **Male das Lösungswort dazu!**

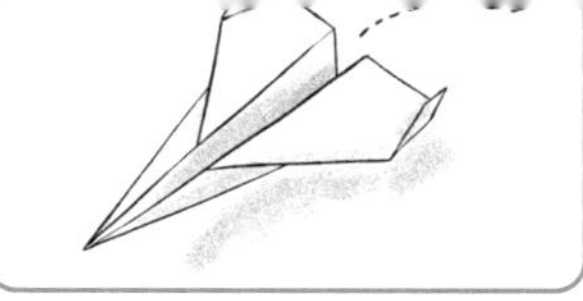

Routenplan (1/2)

Vor Micha und Eleni blubbert, knallt und zischt es.
Sie stehen in einem großen Labor.
Seifenblasen fliegen herum.
Micha nimmt den Glibber und lacht: „Der ist kalt und nass!"
Eleni schaut durch das Mikroskop.
Micha ruft: „Das ist spannend!"

Eleni fragt: „Wie heißt das Lösungswort?"
Das Ticket liegt beim Magneten.
Sie folgen den Spuren.

Hilf ihnen, das Lösungswort zu finden!

START

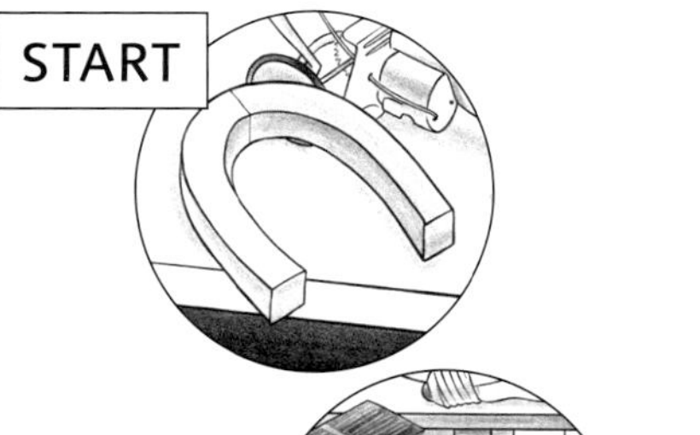

Schreibe die Aufgabe auf und löse sie:
Male das Ergebnis auf dem Ticket an.
Gehe zum **Vulkan**.
Zeichne den Weg auf der Landkarte ein.

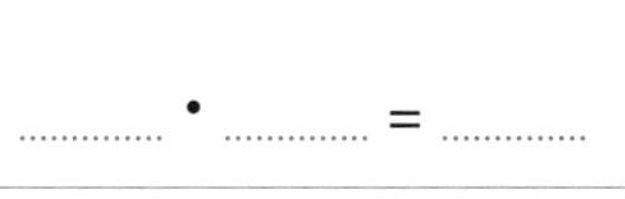

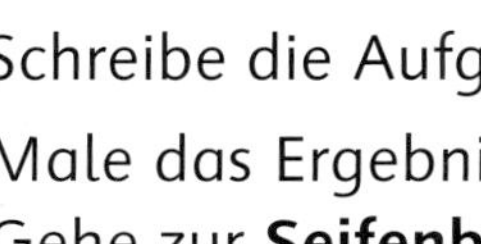

Schreibe die Aufgabe auf und löse sie:
Male das Ergebnis auf dem Ticket an.
Gehe zur **Seifenblasenmaschine**.
Zeichne den Weg auf der Landkarte ein.

Schreibe die Aufgabe auf und löse sie:
Male das Ergebnis auf dem Ticket an.
Gehe zum **Glibber**.
Zeichne den Weg auf der Landkarte ein.

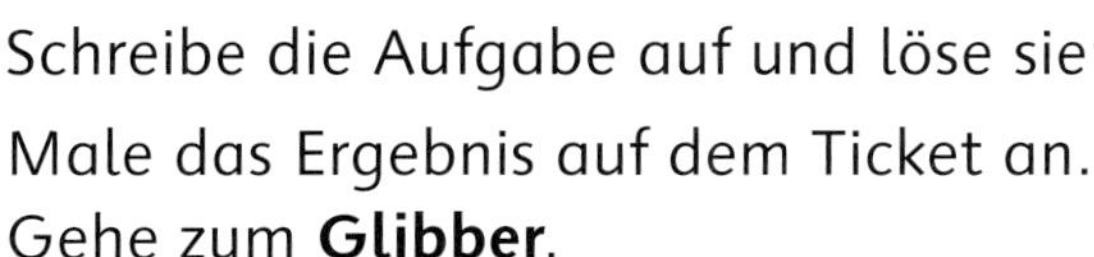

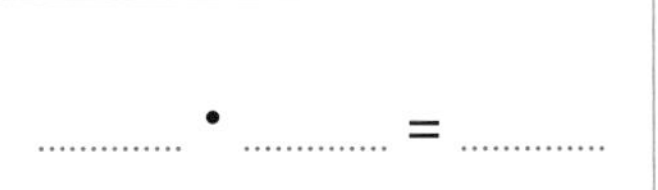

Schreibe die Aufgabe auf und löse sie:
Male das Ergebnis auf dem Ticket an.
Gehe zum **Luftballon**.
Zeichne den Weg auf der Landkarte ein.

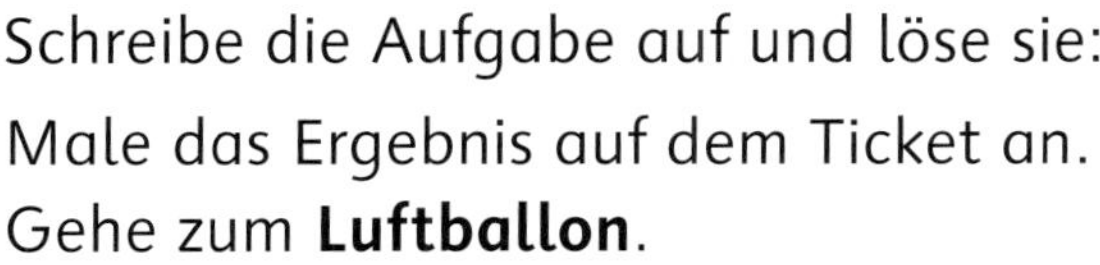

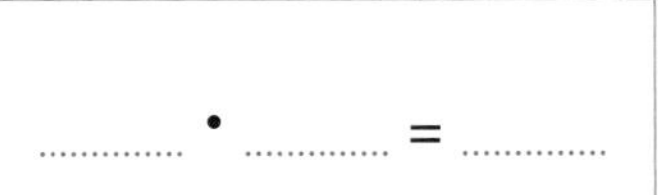

Schreibe die Aufgabe auf und löse sie:
Male das Ergebnis auf dem Ticket an.
Gehe zur **Glühbirne**.
Zeichne den Weg auf der Landkarte ein.

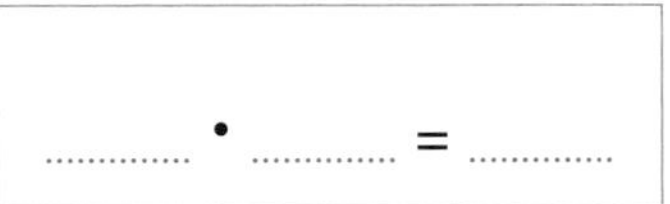

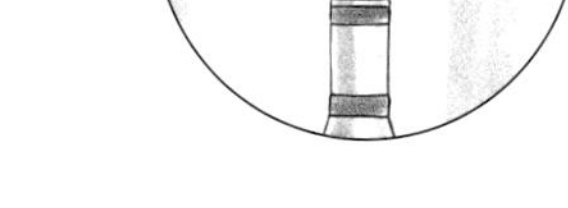

Schreibe die Aufgabe auf und löse sie:
Male das Ergebnis auf dem Ticket an.
Gehe zum **Luftballon**.
Zeichne den Weg auf der Landkarte ein.

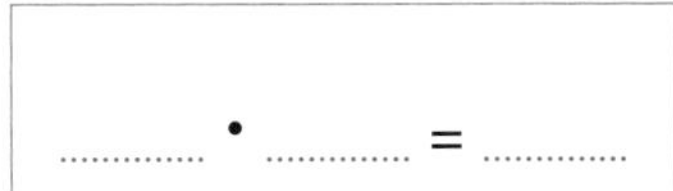

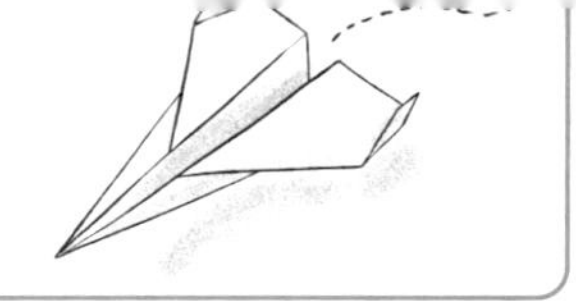

Routenplan (2/2)

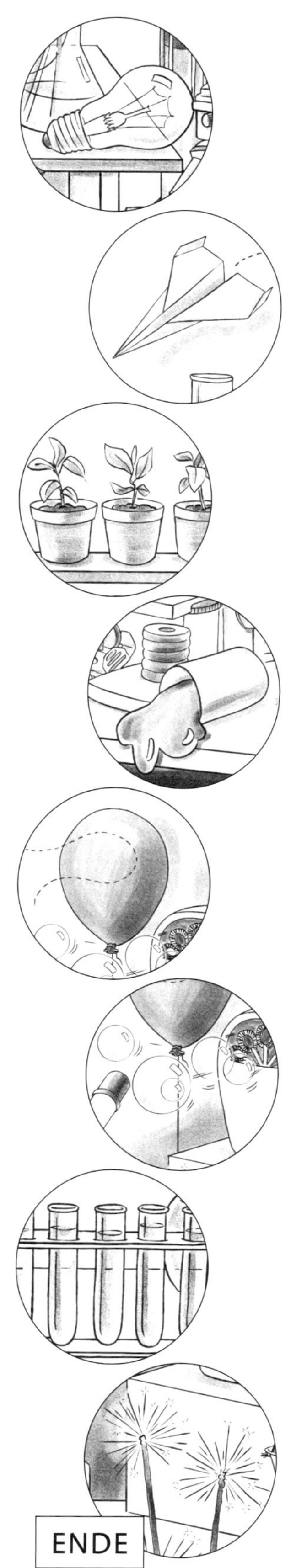

Schreibe die Aufgabe auf und löse sie:
Male das Ergebnis auf dem Ticket an.
Gehe zu den **Wunderkerzen**.
Zeichne den Weg auf der Landkarte ein.

.... • .... = ...

Schreibe die Aufgabe auf und löse sie:
Male das Ergebnis auf dem Ticket an.
Gehe zur **Rakete**.
Zeichne den Weg auf der Landkarte ein.

Schreibe die Aufgabe auf und löse sie:
Male das Ergebnis auf dem Ticket an.
Gehe zum **Solarauto**.
Zeichne den Weg auf der Landkarte ein.

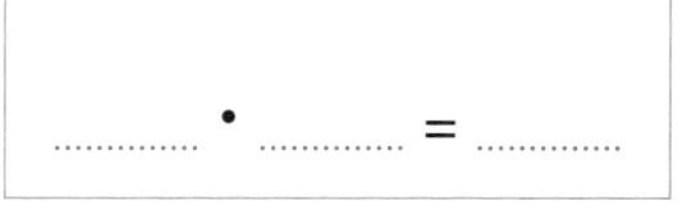

Schreibe die Aufgabe auf und löse sie:
Male das Ergebnis auf dem Ticket an.
Gehe zu den **Reagenzgläsern**.
Zeichne den Weg auf der Landkarte ein.

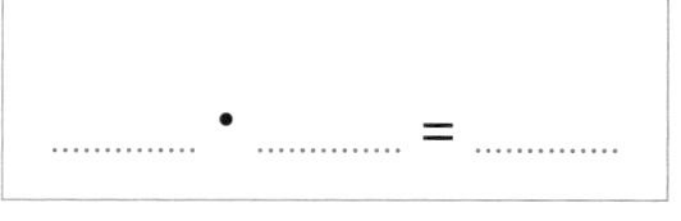

Schreibe die Aufgabe auf und löse sie:
Male das Ergebnis auf dem Ticket an.
Gehe zu den **Pflanzen**.
Zeichne den Weg auf der Landkarte ein.

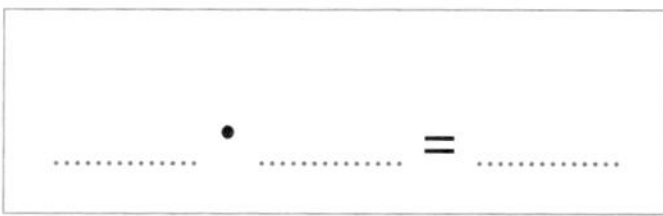

Schreibe die Aufgabe auf und löse sie:
Male das Ergebnis auf dem Ticket an.
Gehe zum **Kreisel**.
Zeichne den Weg auf der Landkarte ein.

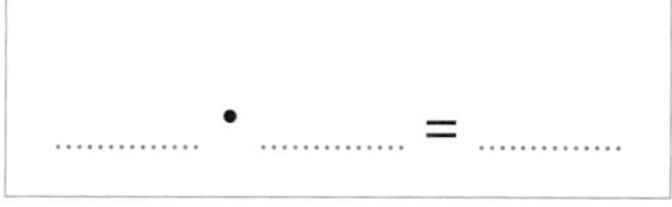

Schreibe die Aufgabe auf und löse sie:
Male das Ergebnis auf dem Ticket an.
Gehe zum **Papierflieger**.
Zeichne den Weg auf der Landkarte ein.

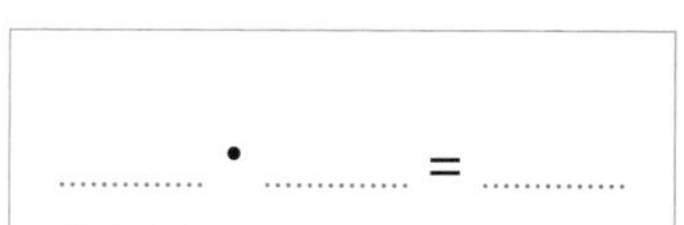

Schreibe die Aufgabe auf und löse sie:
Male das Ergebnis auf dem Ticket an.
Schreibe das **Lösungswort** auf.
Beginne oben.
Schreibe die Buchstaben von oben nach unten (↓) hin.
Öffne damit die Tür nach draußen.
Geschafft!

.... • .... = ...

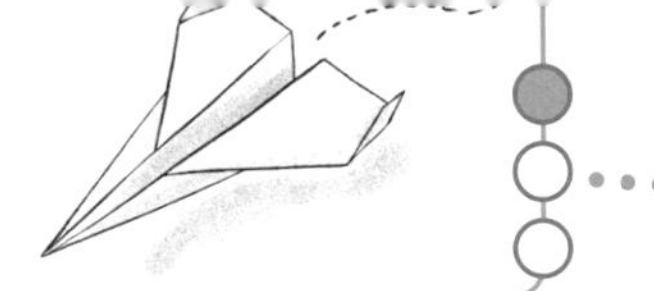

Den ganzen Tag denken Micha und Eleni an die Abenteuer hinter der Tür.
Viele Malaufgaben fliegen in ihren Köpfen herum.
Hilf ihnen, die Aufgaben zu lösen.

1. Rechne zu jedem Bild die Plusaufgabe und die Malaufgabe.

8 + 8 + …………… 8 • ……………	…………… ……………	…………… ……………
…………… ……………	…………… ……………	…………… ……………

2. Rechne Aufgabe und Tauschaufgabe.

2 • 8 = …………… 8 • ………… = …………	…………… ……………	…………… ……………	…………… ……………

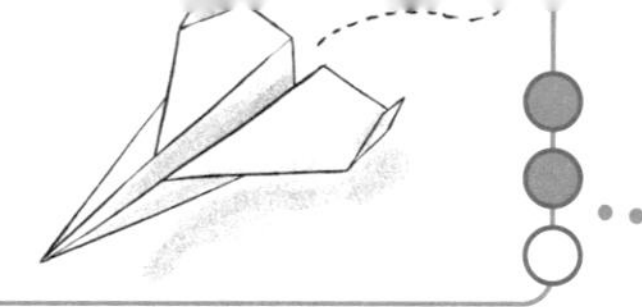

Tag und Nacht denken Micha und Eleni an die Abenteuer hinter der Tür. Viele Malaufgaben fliegen in ihren Köpfen herum. Hilf ihnen, die Aufgaben zu lösen.

1. Male die Ergebnisse der 4er-Reihe blau und die Ergebnisse der 8er-Reihe gelb an.

1	2	3	4	5	6	7	8	9	10
11	12	13	14	15	16	17	18	19	20
21	22	23	24	25	26	27	28	29	30
31	32	33	34	35	36	37	38	39	40
41	42	43	44	45	46	47	48	49	50
51	52	53	54	55	56	57	58	59	60
61	62	63	64	65	66	67	68	69	70
71	72	73	74	75	76	77	78	79	80
81	82	83	84	85	86	87	88	89	90
91	92	93	94	95	96	97	98	99	100

2. Löse die Kernaufgaben.

1 • 4 = ...	1 • 8 = ...
2 • 4 = ...	2 • 8 = ...
5 • 4 = ...	5 • 8 = ...
10 • 4 = ...	10 • 8 = ...

3. Rechne die Aufgaben. Die Kernaufgaben können dir helfen.

2 • 4 = ...	5 • 4 = ...	5 • 4 = ...	10 • 4 = ...	10 • 4 = ...
2 • 4 = ...	1 • 4 = ...	2 • 4 = ...	1 • 4 = ...	2 • 4 = ...
4 • 4 = ...	6 • 4 = ...	7 • 4 = ...	9 • 4 = ...	8 • 4 = ...

2 • 8 = ...	5 • 8 = ...	5 • 8 = ...	10 • 8 = ...	10 • 8 = ...
2 • 8 = ...	1 • 8 = ...	2 • 8 = ...	1 • 8 = ...	2 • 8 = ...
4 • 8 = ...	6 • 8 = ...	7 • 8 = ...	9 • 8 = ...	8 • 8 = ...

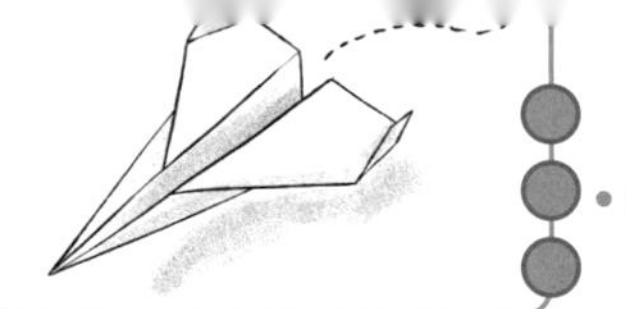

In der Nacht träumen Micha und Eleni von einem Abenteuer hinter der Tür.
Viele Malaufgaben kreisen in ihren Träumen herum.
Hilf ihnen, die Aufgaben und Ergebnisse zu finden.

1. Suche drei Malaufgaben und ihre Ergebnisse.
Verbinde und schreibe die Aufgaben auf!

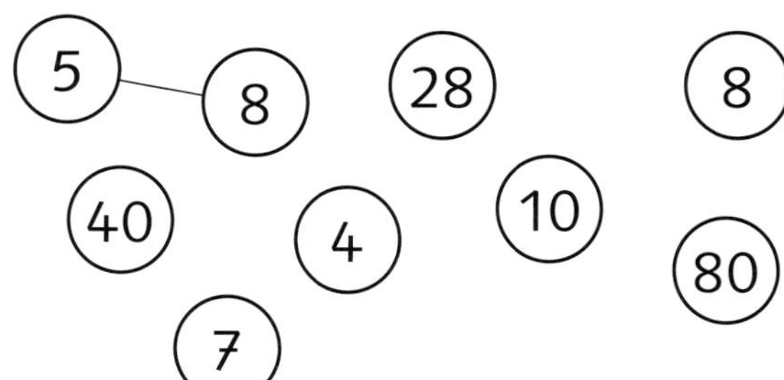

5 • 8 = ...
.... • .... = ...
.... • .... = ...

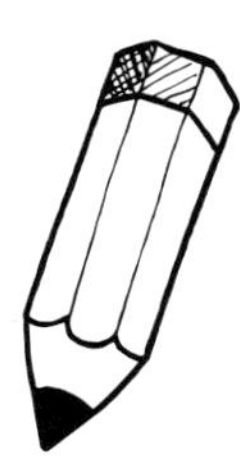

4 8 36 8 32 4 7 56 9

.... • .... = ...
.... • .... = ...
.... • .... = ...

2. Löse die Malaufgaben.

• 4	
5	
7	
8	
0	
2	
10	
	4
	36
	16
	12
	24

• 8	
8	
9	
3	
7	
6	
1	
	0
	40
	16
	80
	32

Landkarte – „Im Land der Sterne“

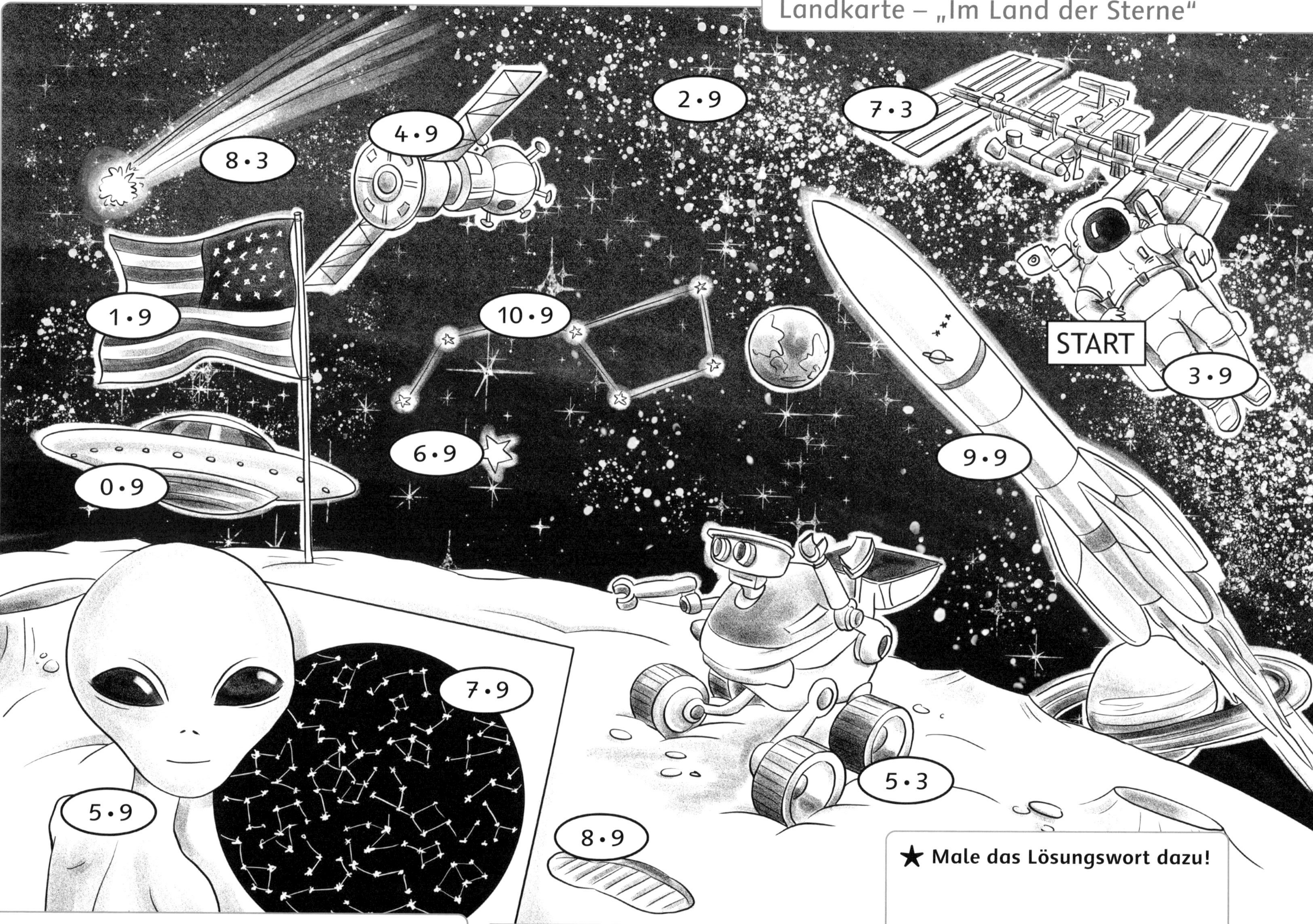

★ Male das Lösungswort dazu!

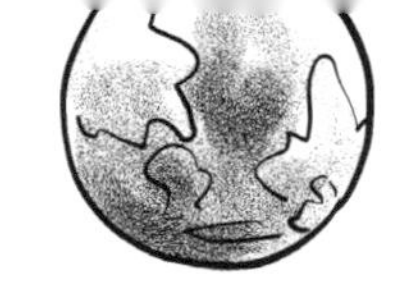

Routenplan (1/2)

Als Micha und Eleni die Tür öffnen, ist es dunkel.
Langsam erkennen sie helle Sterne.
Micha staunt: „Wir sind im Weltall!"
Eleni sieht einen Außerirdischen.
Sie lacht: „Der ist lustig, aber nicht echt!"
Micha schaut sich eine Sternenkarte an.

Eleni fragt: „Wie heißt das Lösungswort?"
Das Ticket liegt beim Astronauten.
Sie folgen den Spuren!

Hilf ihnen, das Lösungswort zu finden!

START

Schreibe die Aufgabe auf und löse sie:
Male das Ergebnis auf dem Ticket an.
Gehe zum **Mondfahrzeug**.
Zeichne den Weg auf der Landkarte ein.

.... • .... = ...

Schreibe die Aufgabe auf und löse sie:
Male das Ergebnis auf dem Ticket an.
Gehe zum Sternbild **Großer Wagen**.
Zeichne den Weg auf der Landkarte ein.

.... • .... = ...

Schreibe die Aufgabe auf und löse sie:
Male das Ergebnis auf dem Ticket an.
Gehe zum **Ufo**.
Zeichne den Weg auf der Landkarte ein.

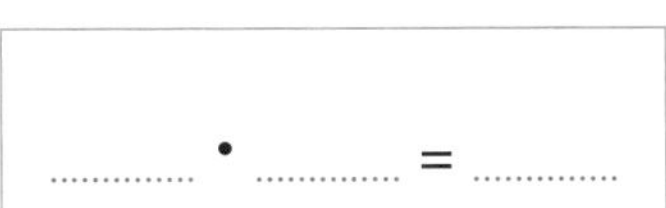

Schreibe die Aufgabe auf und löse sie:
Male das Ergebnis auf dem Ticket an.
Gehe zur **Raumstation**.
Zeichne den Weg auf der Landkarte ein.

Schreibe die Aufgabe auf und löse sie:
Male das Ergebnis auf dem Ticket an.
Gehe zum **Stern**.
Zeichne den Weg auf der Landkarte ein.

.... • .... = ...

Schreibe die Aufgabe auf und löse sie:
Male das Ergebnis auf dem Ticket an.
Gehe zur **Rakete**.
Zeichne den Weg auf der Landkarte ein.

.... • .... = ...

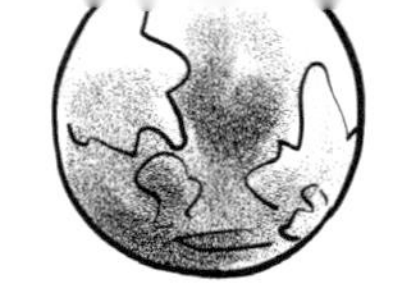

Routenplan (2/2)

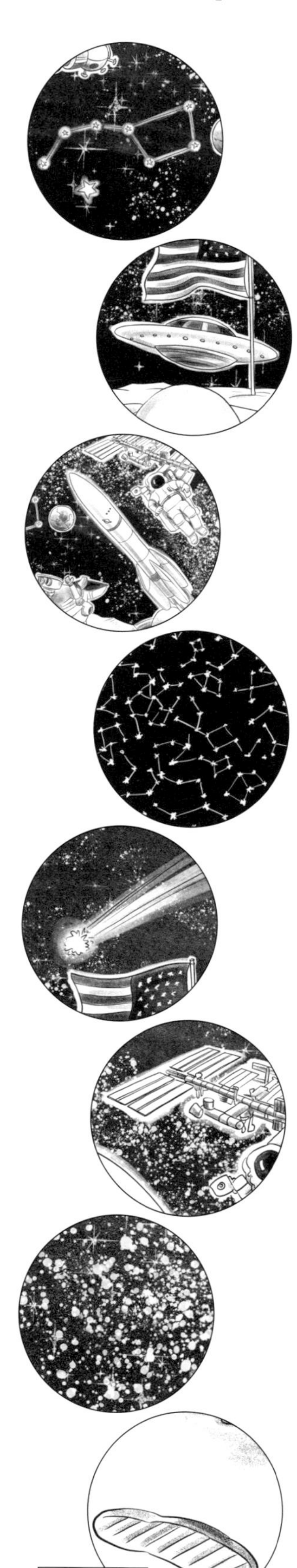

Schreibe die Aufgabe auf und löse sie:
Male das Ergebnis auf dem Ticket an.
Gehe zur **Sternkarte**.
Zeichne den Weg auf der Landkarte ein.

Schreibe die Aufgabe auf und löse sie:
Male das Ergebnis auf dem Ticket an.
Gehe zum **Fußabdruck**.
Zeichne den Weg auf der Landkarte ein.

Schreibe die Aufgabe auf und löse sie:
Male das Ergebnis auf dem Ticket an.
Gehe zur **Milchstraße**.
Zeichne den Weg auf der Landkarte ein.

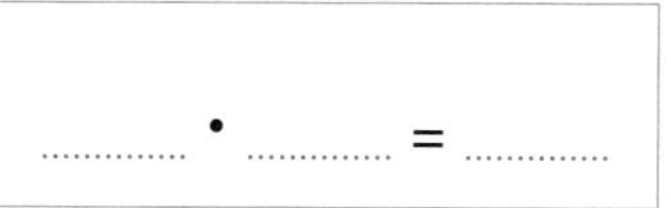

Schreibe die Aufgabe auf und löse sie:
Male das Ergebnis auf dem Ticket an.
Gehe zum **Außerirdischen**.
Zeichne den Weg auf der Landkarte ein.

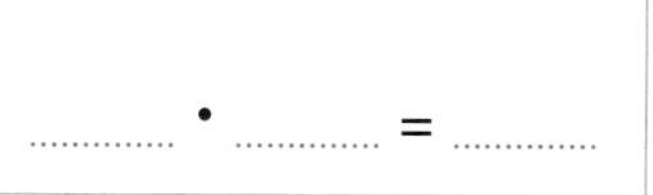

Schreibe die Aufgabe auf und löse sie:
Male das Ergebnis auf dem Ticket an.
Gehe zur **Rakete**.
Zeichne den Weg auf der Landkarte ein.

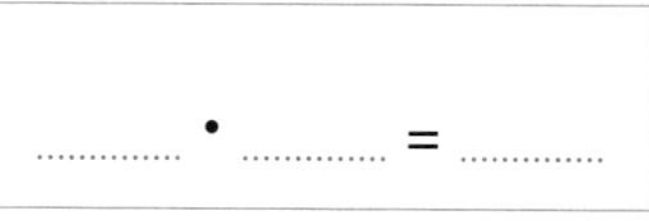

Schreibe die Aufgabe auf und löse sie:
Male das Ergebnis auf dem Ticket an.
Gehe zur **Fahne**.
Zeichne den Weg auf der Landkarte ein.

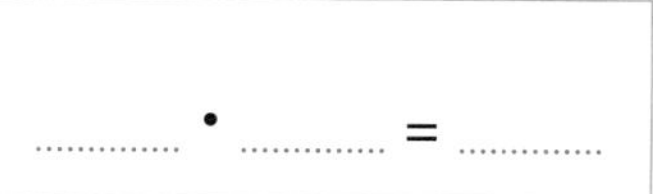

Schreibe die Aufgabe auf und löse sie:
Male das Ergebnis auf dem Ticket an.
Gehe zum **Satelliten**.
Zeichne den Weg auf der Landkarte ein.

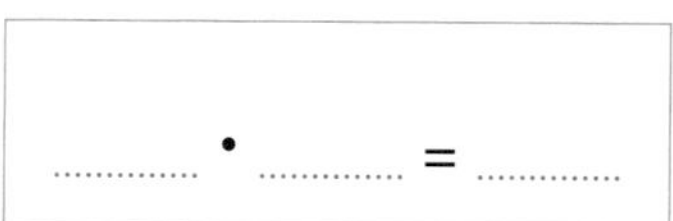

ENDE

Schreibe die Aufgabe auf und löse sie:
Male das Ergebnis auf dem Ticket an.
Schreibe das **Lösungswort** auf:
Beginne oben.
Schreibe die Buchstaben von links nach rechts (→) hin.
Öffne damit die Tür nach draußen.
Geschafft!

Den ganzen Tag denken Micha und Eleni an die Abenteuer hinter der Tür.
Viele Malaufgaben fliegen in ihren Köpfen herum.
Hilf ihnen, die Aufgaben zu lösen.

1. Rechne zu jedem Bild die Plusaufgabe und die Malaufgabe.

9 + …… 3 • ……	…… ……	…… ……
…… ……	…… ……	…… ……

2. Rechne Aufgabe und Tauschaufgabe.

6 • 3 = …… 3 • …… = ……	…… ……	…… ……	…… ……

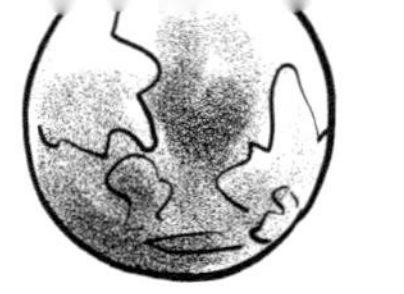

Tag und Nacht denken Micha und Eleni an die Abenteuer hinter der Tür. Viele Malaufgaben fliegen in ihren Köpfen herum. Hilf ihnen, die Aufgaben zu lösen.

1. Male die Ergebnisse der 9er-Reihe orange und die Ergebnisse der 3er-Reihe rot an.

1	2	3	4	5	6	7	8	9	10
11	12	13	14	15	16	17	18	19	20
21	22	23	24	25	26	27	28	29	30
31	32	33	34	35	36	37	38	39	40
41	42	43	44	45	46	47	48	49	50
51	52	53	54	55	56	57	58	59	60
61	62	63	64	65	66	67	68	69	70
71	72	73	74	75	76	77	78	79	80
81	82	83	84	85	86	87	88	89	90
91	92	93	94	95	96	97	98	99	100

2. Löse die Kernaufgaben.

1 • 9 = ... 1 • 3 = ...

2 • 9 = ... 2 • 3 = ...

5 • 9 = ... 5 • 3 = ...

10 • 9 = ... 10 • 3 = ...

3. Rechne die Aufgaben. Die Kernaufgaben können dir helfen.

2 • 9 = ...	5 • 9 = ...	5 • 9 = ...	10 • 9 = ...	10 • 9 = ...
2 • 9 = ...	1 • 9 = ...	2 • 9 = ...	1 • 9 = ...	2 • 9 = ...
4 • 9 = ...	6 • 9 = ...	7 • 9 = ...	9 • 9 = ...	8 • 9 = ...

2 • 3 = ...	5 • 3 = ...	5 • 3 = ...	10 • 3 = ...	10 • 3 = ...
2 • 3 = ...	1 • 3 = ...	2 • 3 = ...	1 • 3 = ...	2 • 3 = ...
4 • 3 = ...	6 • 3 = ...	7 • 3 = ...	9 • 3 = ...	8 • 3 = ...

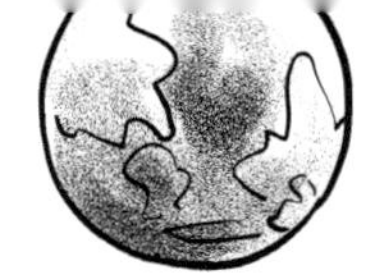

In der Nacht träumen Micha und Eleni von einem Abenteuer hinter der Tür. Viele Malaufgaben kreisen in ihren Träumen herum. Hilf ihnen, die Aufgaben und Ergebnisse zu finden.

1. Suche drei Malaufgaben und ihre Ergebnisse. Verbinde und schreibe die Aufgaben auf!

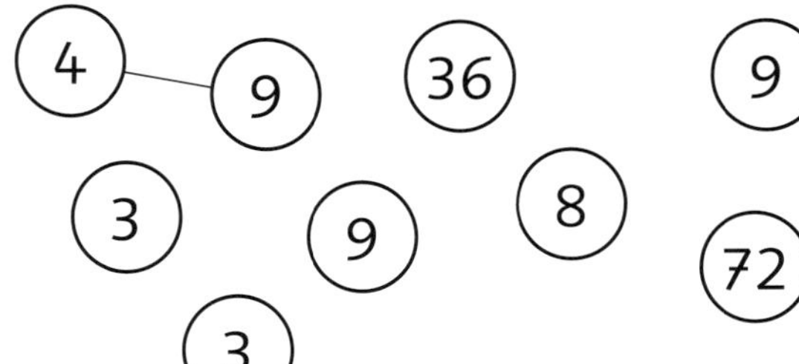

4 • 9 = ...

.... • .... = ...

.... • .... = ...

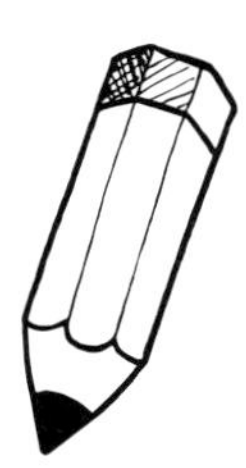

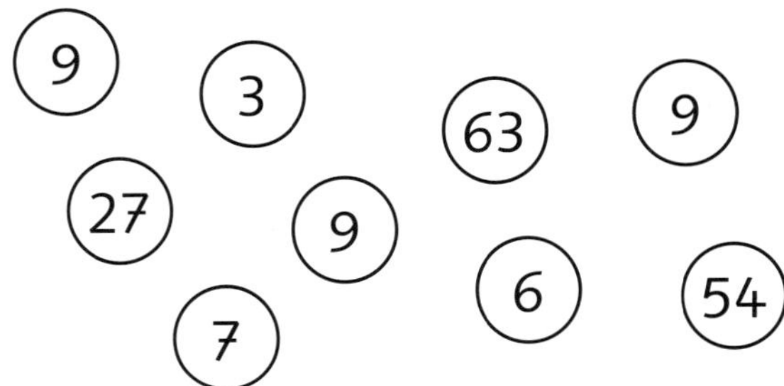

.... • .... = ...

.... • .... = ...

.... • .... = ...

2. Löse die Malaufgaben.

• 9	
3	
7	
5	
6	
8	
10	
	0
	18
	81
	36
	9

• 3	
4	
1	
3	
7	
5	
8	
	0
	6
	18
	30
	27

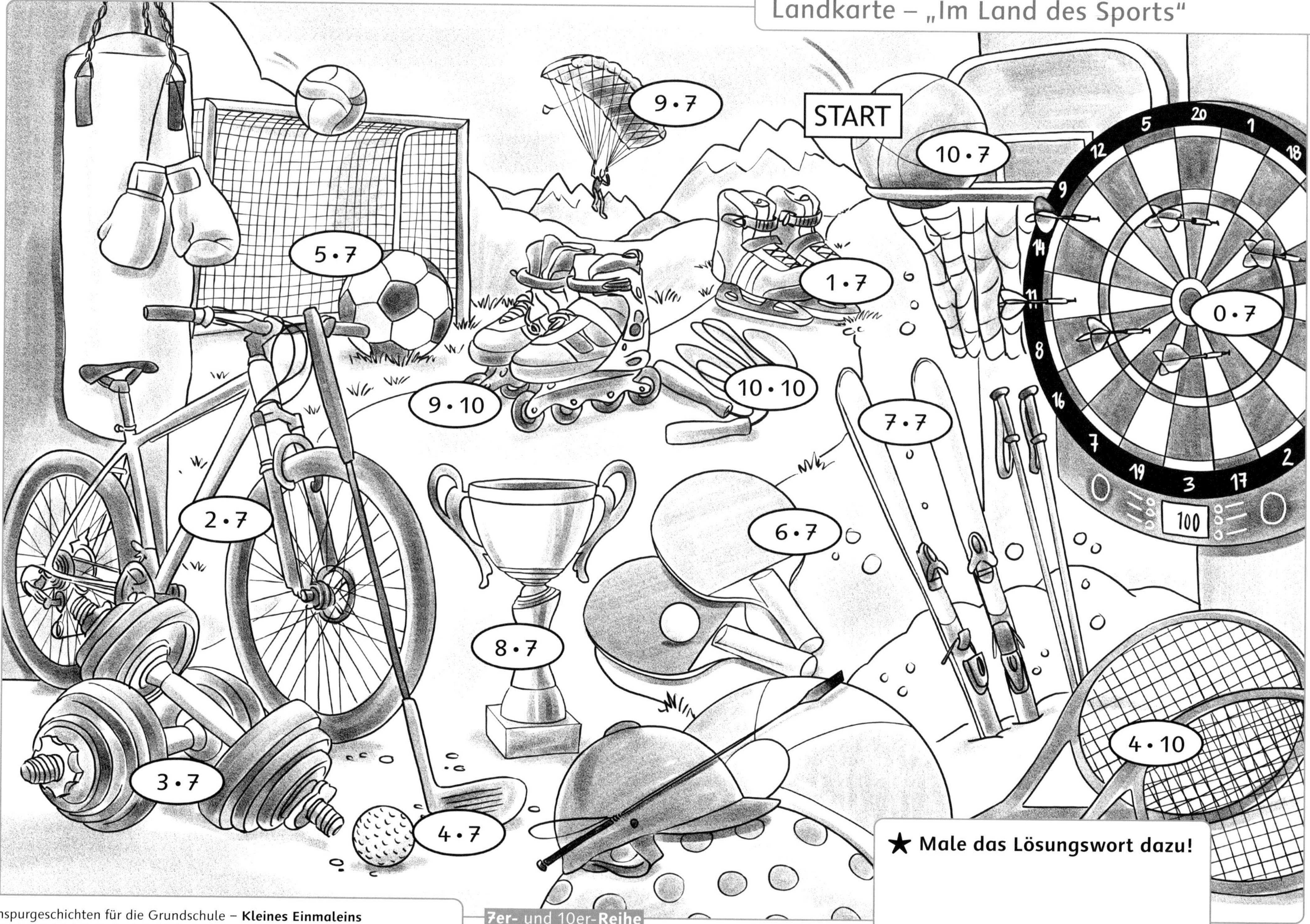

Landkarte – „Im Land des Sports"

START

9 • 7

10 • 7

5 • 7

1 • 7

0 • 7

9 • 10

10 • 10

7 • 7

2 • 7

6 • 7

8 • 7

4 • 10

3 • 7

4 • 7

★ **Male das Lösungswort dazu!**

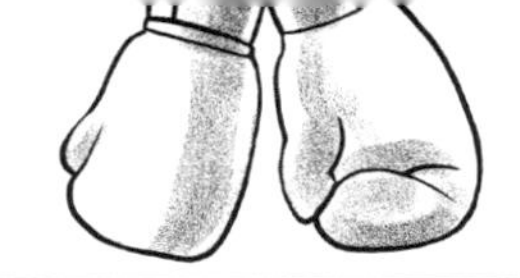

Routenplan (1/2)

Eleni und Micha stehen mitten auf einem Sportfeld.
Ein Fußball rollt ihnen entgegen.
Eleni schießt und jubelt: „Tor!"
Micha dreht eine Runde auf dem Fahrrad: „Achtung!"
Eleni ruft: „Lass uns Tennis spielen!"
Micha antwortet: „Super Idee!" Los geht es.

Eleni fragt: „Wie heißt das Lösungswort?"
Das Ticket liegt beim Basketball.
Sie folgen den Spuren.

Hilf ihnen, das Lösungswort zu finden!

START

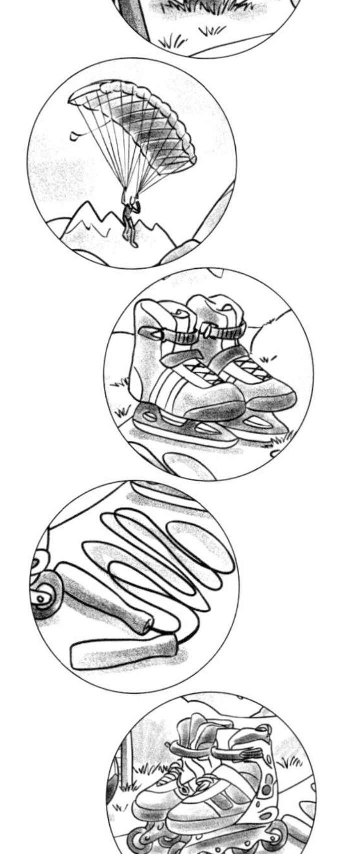

Schreibe die Aufgabe auf und löse sie:
Male das Ergebnis auf dem Ticket an.
Gehe zu den **Inlinern**.
Zeichne den Weg auf der Landkarte ein.

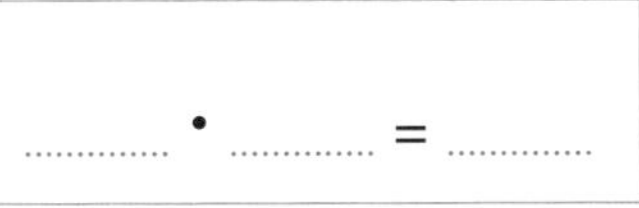

Schreibe die Aufgabe auf und löse sie:
Male das Ergebnis auf dem Ticket an.
Gehe zum **Seilchen**.
Zeichne den Weg auf der Landkarte ein.

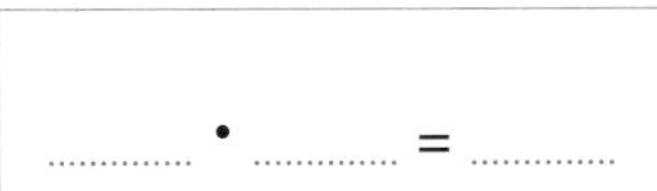

Schreibe die Aufgabe auf und löse sie:
Male das Ergebnis auf dem Ticket an.
Gehe zu den **Schlittschuhen**.
Zeichne den Weg auf der Landkarte ein.

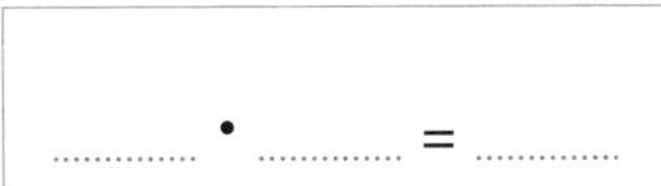

Schreibe die Aufgabe auf und löse sie:
Male das Ergebnis auf dem Ticket an.
Gehe zu den **Skiern**.
Zeichne den Weg auf der Landkarte ein.

Schreibe die Aufgabe auf und löse sie:
Male das Ergebnis auf dem Ticket an.
Gehe zu den **Tischtennisschlägern**.
Zeichne den Weg auf der Landkarte ein.

Schreibe die Aufgabe auf und löse sie:
Male das Ergebnis auf dem Ticket an.
Gehe zu den **Gewichten**.
Zeichne den Weg auf der Landkarte ein.

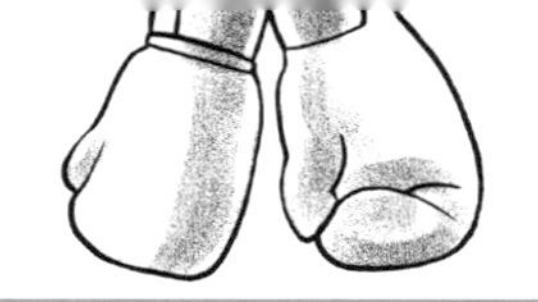

Routenplan (2/2)

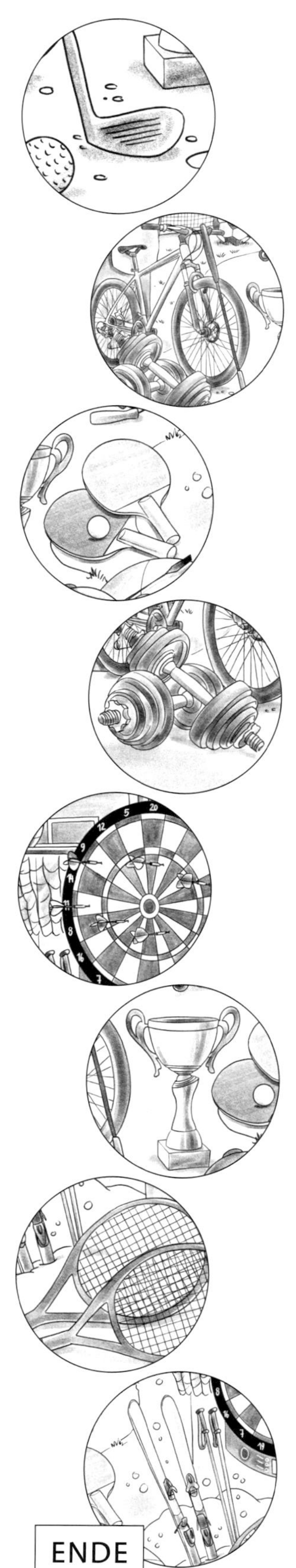

Schreibe die Aufgabe auf und löse sie:
Male das Ergebnis auf dem Ticket an.
Gehe zur **Dartscheibe**.
Zeichne den Weg auf der Landkarte ein.

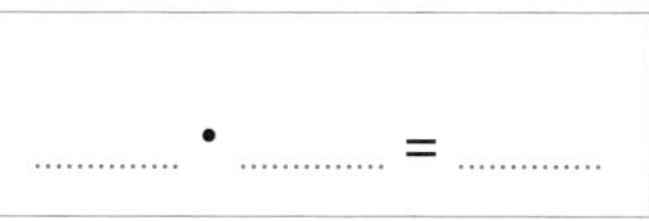

Schreibe die Aufgabe auf und löse sie:
Male das Ergebnis auf dem Ticket an.
Gehe zum **Fußball**.
Zeichne den Weg auf der Landkarte ein.

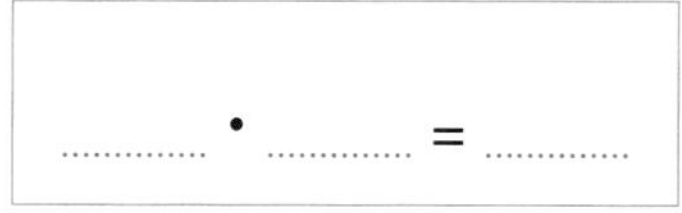

Schreibe die Aufgabe auf und löse sie:
Male das Ergebnis auf dem Ticket an.
Gehe zum **Golfschläger**.
Zeichne den Weg auf der Landkarte ein.

.... • .... = ...

Schreibe die Aufgabe auf und löse sie:
Male das Ergebnis auf dem Ticket an.
Gehe zum **Pokal**.
Zeichne den Weg auf der Landkarte ein.

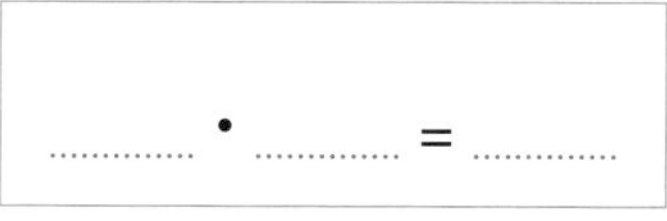

Schreibe die Aufgabe auf und löse sie:
Male das Ergebnis auf dem Ticket an.
Gehe zum **Fallschirm**.
Zeichne den Weg auf der Landkarte ein.

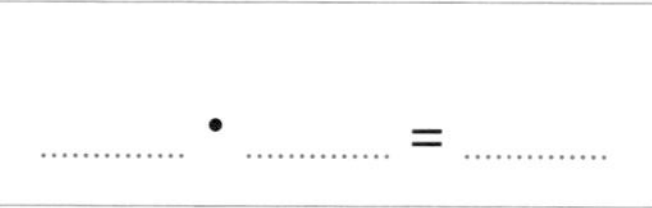

Schreibe die Aufgabe auf und löse sie:
Male das Ergebnis auf dem Ticket an.
Gehe zum **Fahrrad**.
Zeichne den Weg auf der Landkarte ein.

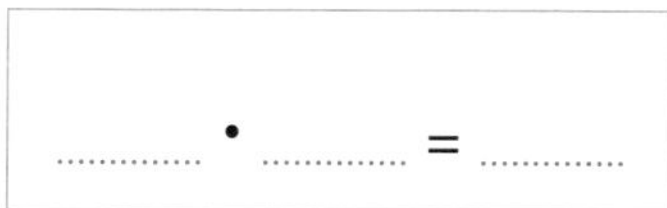

Schreibe die Aufgabe auf und löse sie:
Male das Ergebnis auf dem Ticket an.
Gehe zum **Fahrrad**.
Zeichne den Weg auf der Landkarte ein.

.... • .... = ...

Schreibe die Aufgabe auf und löse sie:
Male das Ergebnis auf dem Ticket an.
Schreibe das **Lösungswort** auf.
Beginne oben.
Schreibe die Buchstaben von oben nach unten (↓) hin.
Öffne damit die Tür nach draußen.
Geschafft!

.... • .... = ...

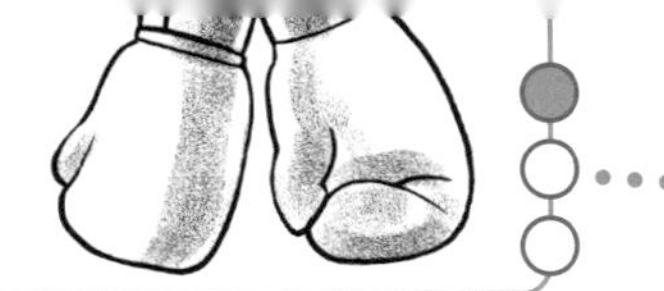

Den ganzen Tag denken Micha und Eleni an die Abenteuer hinter der Tür.
Viele Malaufgaben fliegen in ihren Köpfen herum.
Hilf ihnen, die Aufgaben zu lösen.

1. Rechne zu jedem Bild die Plusaufgabe und die Malaufgabe.

7 + …… 5 • ……	…… ……	…… ……
…… ……	…… ……	…… ……

2. Rechne Aufgabe und Tauschaufgabe.

3 • 7 = …… 7 • …… = ……	…… ……	…… ……	…… ……

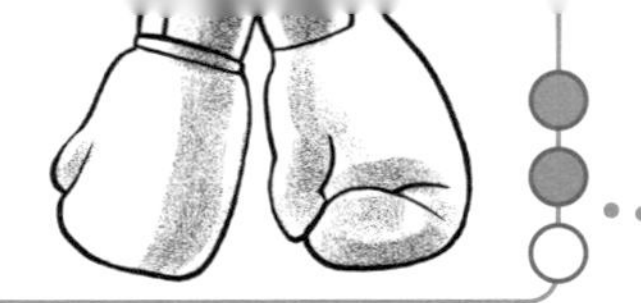

Tag und Nacht denken Micha und Eleni an die Abenteuer hinter der Tür. Viele Malaufgaben fliegen in ihren Köpfen herum. Hilf ihnen, die Aufgaben zu lösen.

1. Male die Ergebnisse der 7er-Reihe lila und die Ergebnisse der 10er-Reihe gelb an.

1	2	3	4	5	6	7	8	9	10
11	12	13	14	15	16	17	18	19	20
21	22	23	24	25	26	27	28	29	30
31	32	33	34	35	36	37	38	39	40
41	42	43	44	45	46	47	48	49	50
51	52	53	54	55	56	57	58	59	60
61	62	63	64	65	66	67	68	69	70
71	72	73	74	75	76	77	78	79	80
81	82	83	84	85	86	87	88	89	90
91	92	93	94	95	96	97	98	99	100

2. Löse die Kernaufgaben.

1 • 7 = ...	1 • 10 = ...
2 • 7 = ...	2 • 10 = ...
5 • 7 = ...	5 • 10 = ...
10 • 7 = ...	10 • 10 = ...

3. Rechne die Aufgaben. Die Kernaufgaben können dir helfen.

2 • 7 = ...	5 • 7 = ...	5 • 7 = ...	10 • 7 = ...	10 • 7 = ...
2 • 7 = ...	1 • 7 = ...	2 • 7 = ...	1 • 7 = ...	2 • 7 = ...
4 • 7 = ...	6 • 7 = ...	7 • 7 = ...	9 • 7 = ...	8 • 7 = ...
2 • 10 = ...	5 • 10 = ...	5 • 10 = ...	10 • 10 = ...	10 • 10 = ...
2 • 10 = ...	1 • 10 = ...	2 • 10 = ...	1 • 10 = ...	2 • 10 = ...
4 • 10 = ...	6 • 10 = ...	7 • 10 = ...	9 • 10 = ...	8 • 10 = ...

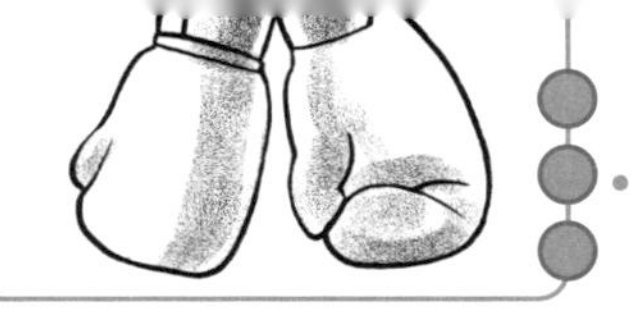

In der Nacht träumen Micha und Eleni von einem Abenteuer hinter der Tür.
Viele Malaufgaben kreisen in ihren Träumen herum.
Hilf ihnen, die Aufgaben und Ergebnisse zu finden.

1. Suche drei Malaufgaben und ihre Ergebnisse.
Verbinde und schreibe die Aufgaben auf!

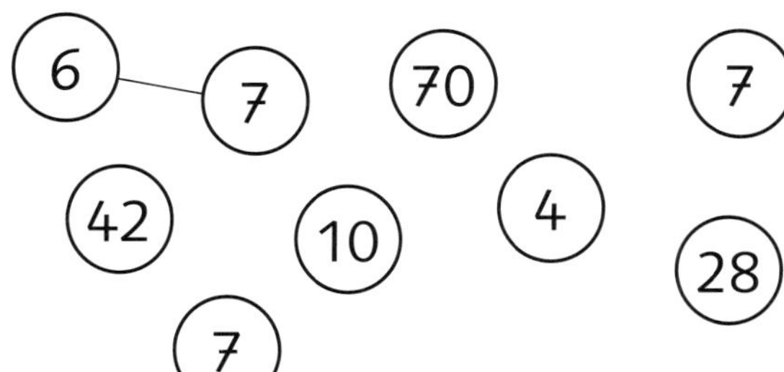

6 • 7 = ...

.... • .... = ...

.... • .... = ...

5 8 80 7
7 10 9 63
35

.... • .... = ...

.... • .... = ...

.... • .... = ...

2. Löse die Malaufgaben.

• 7	
5	
7	
3	
6	
2	
10	
	28
	63
	7
	56
	0

• 10	
4	
9	
3	
7	
5	
1	
	0
	100
	20
	60
	80

START

4 • 8

7 • 9

6 • 10

9 • 4

5 • 2

7 • 7

3 • 9

6 • 3

3 • 7

8 • 2

6 • 5

2 • 4

6 • 7

5 • 4

★ **Male das Lösungswort dazu!**

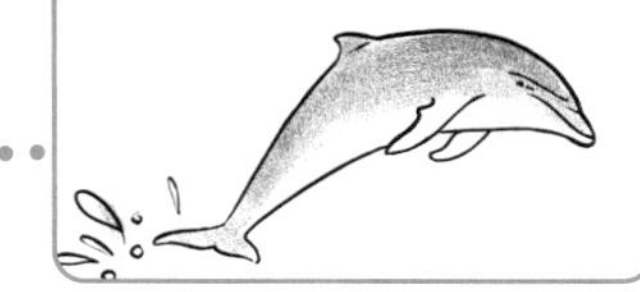

Routenplan (1/2)

Als sich vor Micha und Eleni die Tür öffnet, hören sie das Meer rauschen. Schnell ziehen sie ihre Schuhe und Strümpfe aus.
Sie gehen mit den Füßen ins Wasser.
Micha freut sich: „Guck mal, ein Seestern."
Eleni entdeckt einen Krebs. Er krabbelt schnell weg.
Micha denkt: „Das Meer ist schön."

Eleni fragt: „Wie heißt das Lösungswort?"
Das Ticket liegt bei der Qualle.
Sie folgen den Spuren.

Hilf ihnen, das Lösungswort zu finden!

START

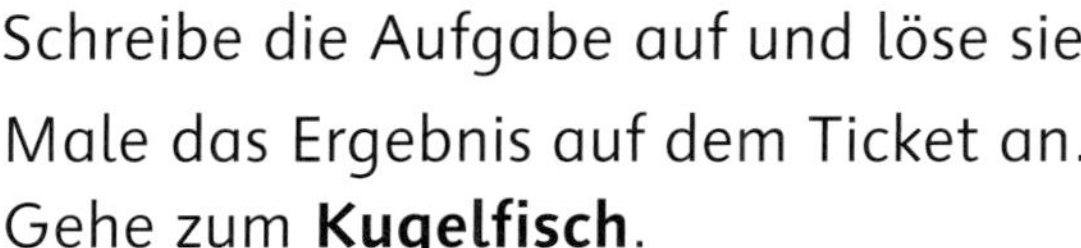

Schreibe die Aufgabe auf und löse sie:
Male das Ergebnis auf dem Ticket an.
Gehe zum **Kugelfisch**.
Zeichne den Weg auf der Landkarte ein.

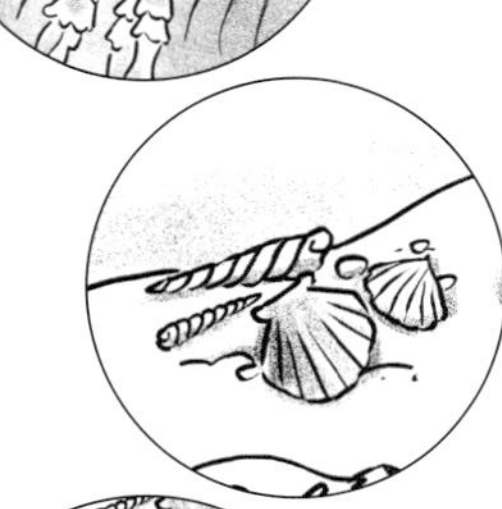

Schreibe die Aufgabe auf und löse sie:
Male das Ergebnis auf dem Ticket an.
Gehe zum **Wal**.
Zeichne den Weg auf der Landkarte ein.

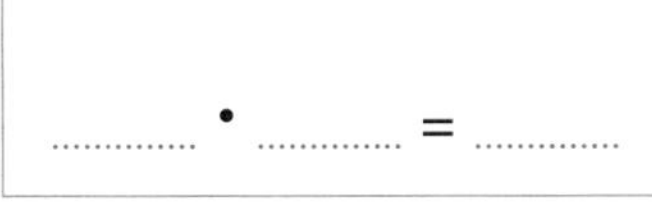

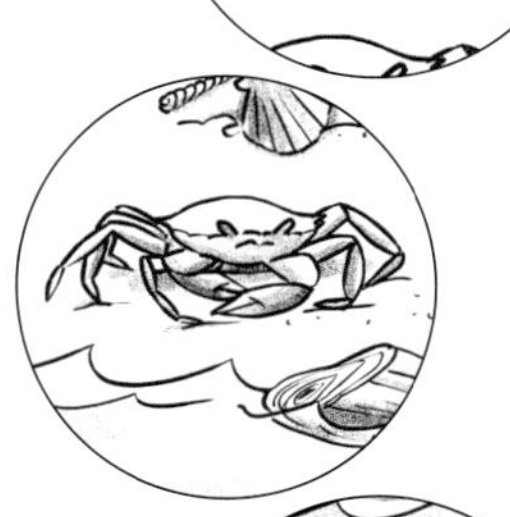

Schreibe die Aufgabe auf und löse sie:
Male das Ergebnis auf dem Ticket an.
Gehe zur **Flaschenpost**.
Zeichne den Weg auf der Landkarte ein.

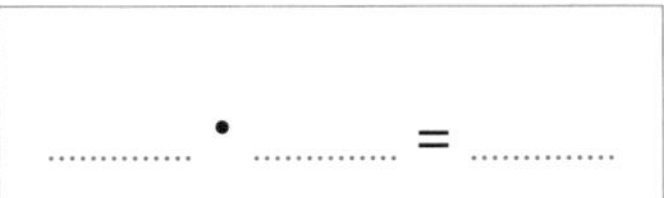

Schreibe die Aufgabe auf und löse sie:
Male das Ergebnis auf dem Ticket an.
Gehe zur **Möwe**.
Zeichne den Weg auf der Landkarte ein.

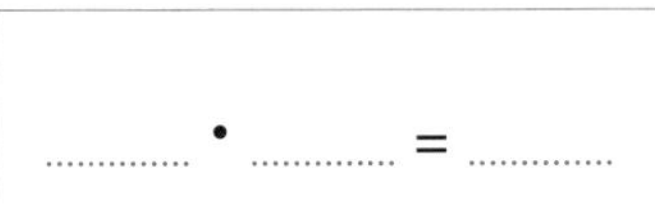

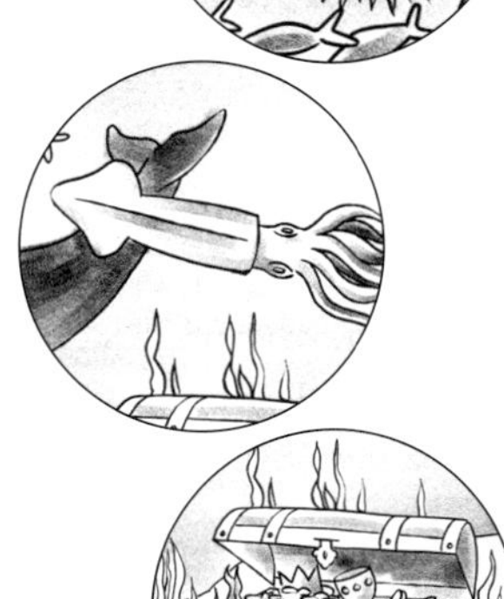

Schreibe die Aufgabe auf und löse sie:
Male das Ergebnis auf dem Ticket an.
Gehe zur **Schildkröte**.
Zeichne den Weg auf der Landkarte ein.

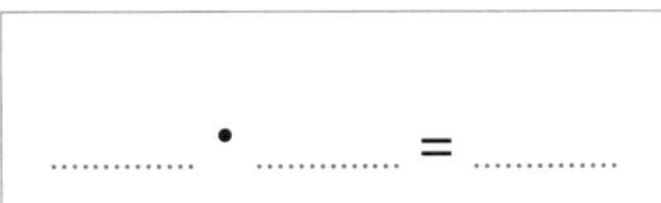

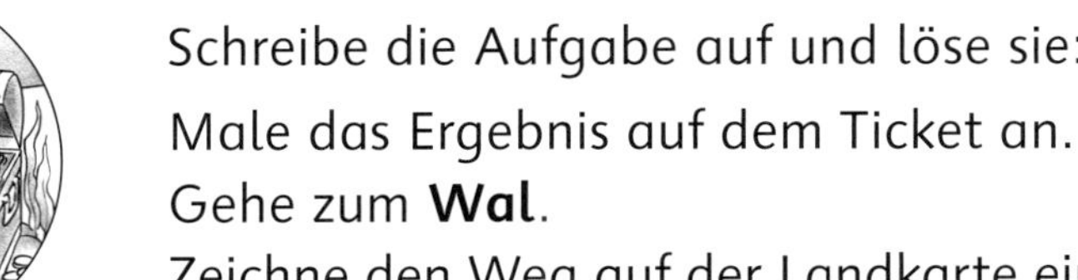

Schreibe die Aufgabe auf und löse sie:
Male das Ergebnis auf dem Ticket an.
Gehe zum **Wal**.
Zeichne den Weg auf der Landkarte ein.

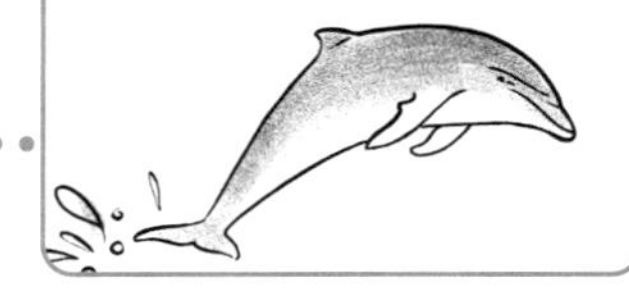

Routenplan (2/2)

Schreibe die Aufgabe auf und löse sie:
Male das Ergebnis auf dem Ticket an.
Gehe zum **Seestern**.
Zeichne den Weg auf der Landkarte ein.

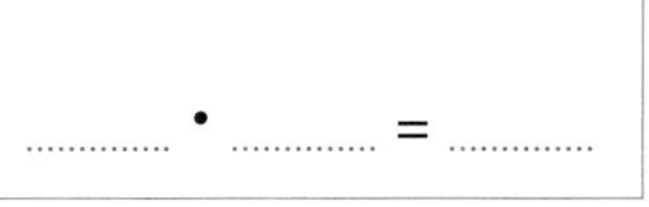

Schreibe die Aufgabe auf und löse sie:
Male das Ergebnis auf dem Ticket an.
Gehe zum **Delfin**.
Zeichne den Weg auf der Landkarte ein.

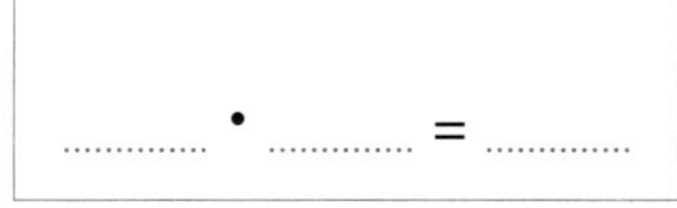

Schreibe die Aufgabe auf und löse sie:
Male das Ergebnis auf dem Ticket an.
Gehe zu den **Muscheln**.
Zeichne den Weg auf der Landkarte ein.

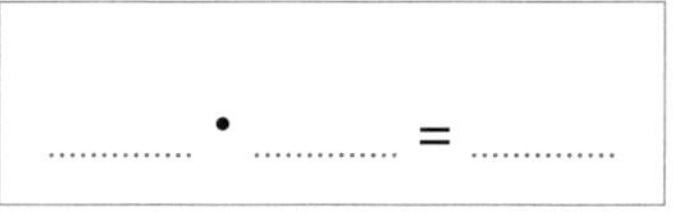

Schreibe die Aufgabe auf und löse sie:
Male das Ergebnis auf dem Ticket an.
Gehe zum **Tintenfisch**.
Zeichne den Weg auf der Landkarte ein.

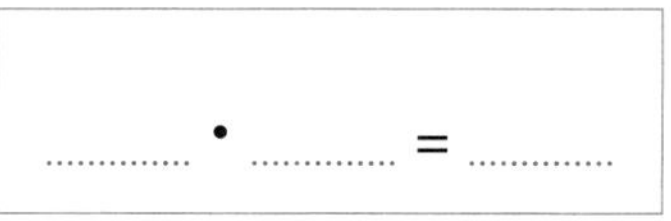

Schreibe die Aufgabe auf und löse sie:
Male das Ergebnis auf dem Ticket an.
Gehe zum **Krebs**.
Zeichne den Weg auf der Landkarte ein.

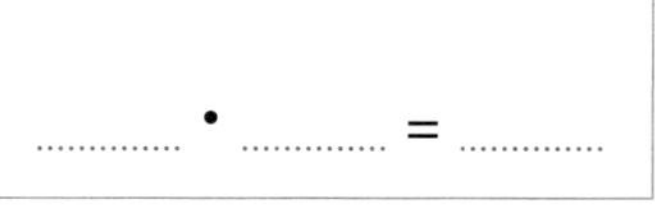

Schreibe die Aufgabe auf und löse sie:
Male das Ergebnis auf dem Ticket an.
Gehe zum **Seepferdchen**.
Zeichne den Weg auf der Landkarte ein.

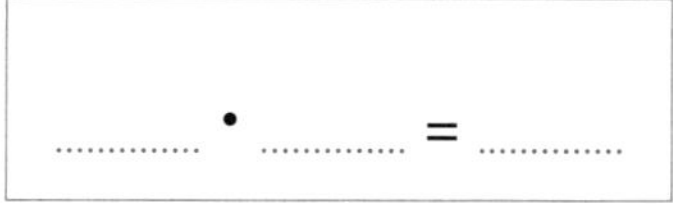

Schreibe die Aufgabe auf und löse sie:
Male das Ergebnis auf dem Ticket an.
Gehe zur **Luftmatratze**.
Zeichne den Weg auf der Landkarte ein.

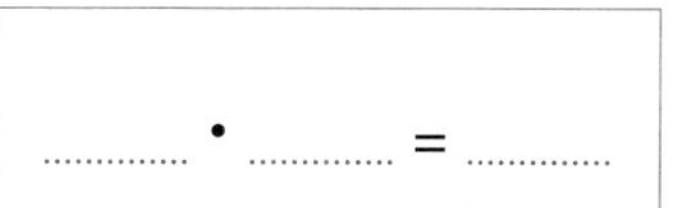

ENDE

Schreibe die Aufgabe auf und löse sie:
Male das Ergebnis auf dem Ticket an.
Schreibe das **Lösungswort** auf.
Beginne oben.
Schreibe die Buchstaben von links nach rechts (→) hin.
Öffne damit die Tür nach draußen.
Geschafft!

.... • .... = ...

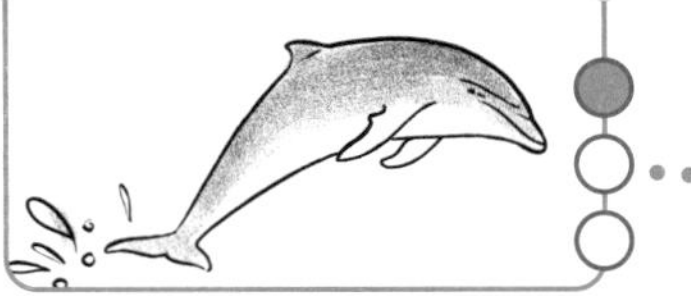

Den ganzen Tag denken Micha und Eleni an die Abenteuer hinter der Tür.
Viele Malaufgaben fliegen in ihren Köpfen herum.
Hilf ihnen, die Aufgaben zu lösen.

1. Vervollständige die Reihen.

2, 4, 6, ..., ..., ..., ..., ..., ..., 20

6, 12, 18, ..., ..., ..., ..., ..., ..., 60

8, 16, ..., ..., ..., ..., ..., ..., ..., 80

5, 10, ..., ..., ..., ..., ..., ..., ..., 50

2. Rechne Aufgabe und Tauschaufgabe.

$4 \cdot 9 =$ .... $9 \cdot$ .... $=$	....	....	....
....	....	....	....

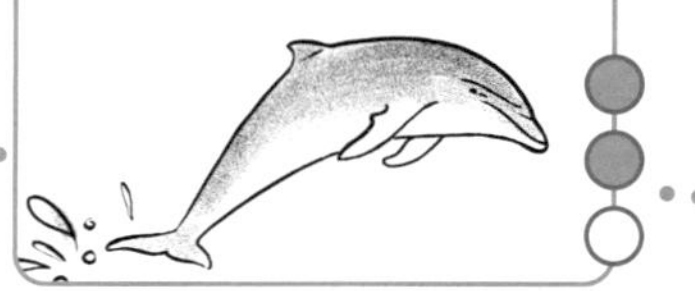

Tag und Nacht denken Micha und Eleni an die Abenteuer hinter der Tür.
Viele Malaufgaben fliegen in ihren Köpfen herum.
Hilf ihnen, die Aufgaben zu lösen.

1. Löse die Aufgaben mithilfe der Kernaufgaben.

2 • 7 = ...	5 • 6 = ...	5 • 8 = ...	10 • 9 = ...	10 • 7 = ...
2 • 7 = ...	1 • 6 = ...	2 • 8 = ...	1 • 9 = ...	2 • 7 = ...
4 • 7 = ...	6 • 6 = ...	7 • 8 = ...	9 • 9 = ...	8 • 7 = ...

2 • 8 = ...	5 • 7 = ...	5 • 4 = ...	10 • 3 = ...	10 • 6 = ...
2 • 8 = ...	1 • 7 = ...	2 • 4 = ...	1 • 3 = ...	2 • 6 = ...
4 • 8 = ...	6 • 7 = ...	7 • 4 = ...	9 • 3 = ...	8 • 6 = ...

2. Verbinde Aufgabe und Ergebniszahl. Ein Ergebnis bleibt übrig.

6 • 9

4 • 7

48

28

18

3 • 6

54

7 • 5

30

35

8 • 3

45

24

5 • 9

7 • 7

36

9 • 4

49

8 • 6

In der Nacht träumen Micha und Eleni von einem Abenteuer hinter der Tür.
Viele Malaufgaben kreisen in ihren Träumen herum.
Hilf ihnen, die Aufgaben und Ergebnisse zu finden.

1. Löse die Malaufgaben.

• 4	
2	
3	
6	
4	
8	

• 10	
5	
0	
7	
3	
9	

• 3	
10	
2	
8	
4	
7	

• 7	
5	
8	
4	
2	
9	

• 8	
3	
6	
10	
9	
5	

2. Löse die Einmaleinsräder.

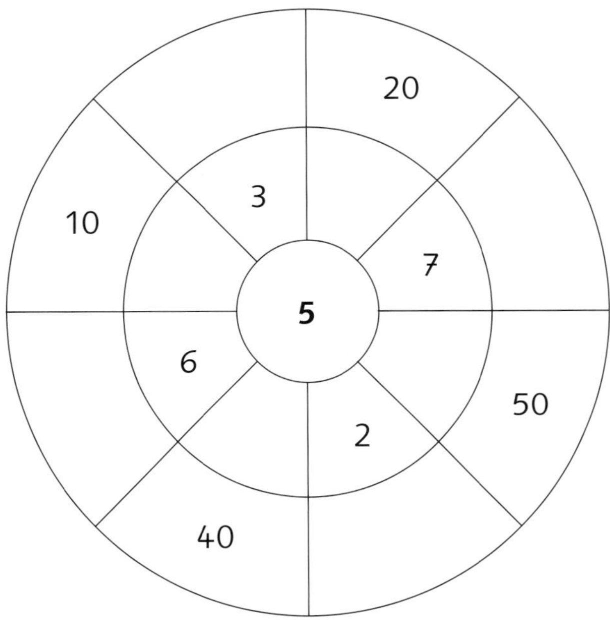

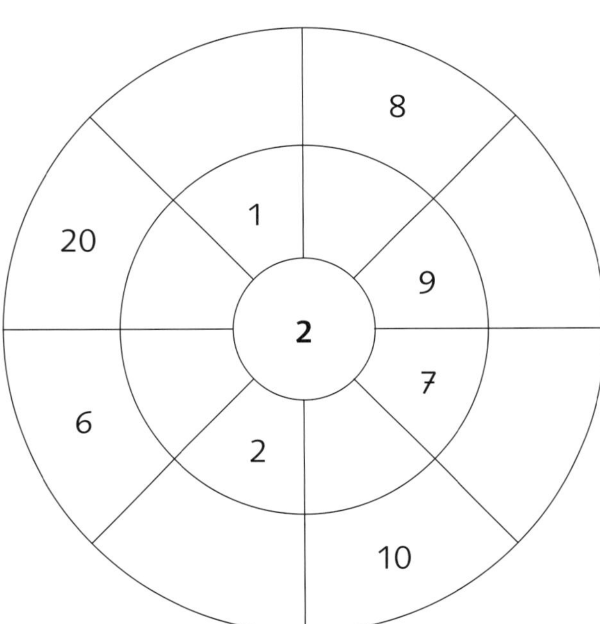

3. Immer zwei Aufgaben haben das gleiche Ergebnis. Verbinde. Eine Aufgabe bleibt übrig.

3 • 8 | 6 • 4 | 4 • 4 | 2 • 8 | 10 • 3 | 5 • 8 | 3 • 6

10 • 2 | 4 • 5 | 10 • 1 | 5 • 6 | 2 • 9 | 10 • 4

Landkarte – „Im Land des Waldes"

★ **Male das Lösungswort dazu!**

Routenplan (1/2)

Micha und Eleni entdecken hinter der Tür einen riesigen Wald.
Am Teich sitzt ein Frosch. Eleni schaut sich die große Tanne an.
Micha beobachtet die Ameisen und meint: „Sind das viele Tiere."
Eine Eule fliegt von Baum zu Baum.
Eleni freut sich: „Hier können wir ganz viel entdecken!"
Micha sagt: „Im Wald riecht es immer so gut."

Eleni fragt: „Wie heißt das Lösungswort?"
Das Ticket liegt auf der Bank.
Sie folgen den Spuren!

Hilf ihnen, das Lösungswort zu finden!

Schreibe die Aufgabe auf und löse sie:
Male das Ergebnis auf dem Ticket an.
Gehe zur Libelle am **Teich**.
Zeichne den Weg auf der Landkarte ein.

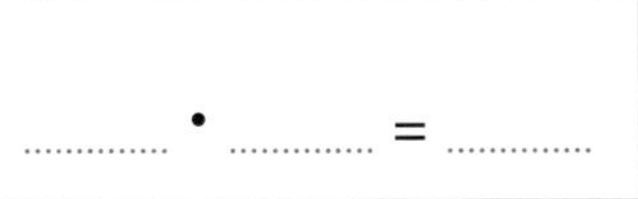

Schreibe die Aufgabe auf und löse sie:
Male das Ergebnis auf dem Ticket an.
Gehe zum **Frosch**.
Zeichne den Weg auf der Landkarte ein.

Schreibe die Aufgabe auf und löse sie:
Male das Ergebnis auf dem Ticket an.
Gehe zur Libelle am **Eule**.
Zeichne den Weg auf der Landkarte ein.

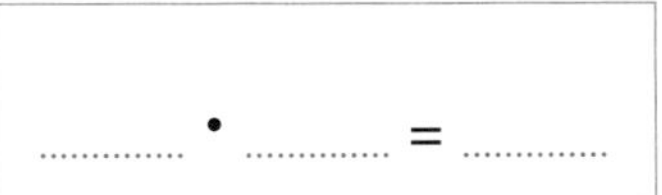

Schreibe die Aufgabe auf und löse sie:
Male das Ergebnis auf dem Ticket an.
Gehe zu den **Pilzen**.
Zeichne den Weg auf der Landkarte ein.

Schreibe die Aufgabe auf und löse sie:
Male das Ergebnis auf dem Ticket an.
Gehe zur **Tanne**.
Zeichne den Weg auf der Landkarte ein.

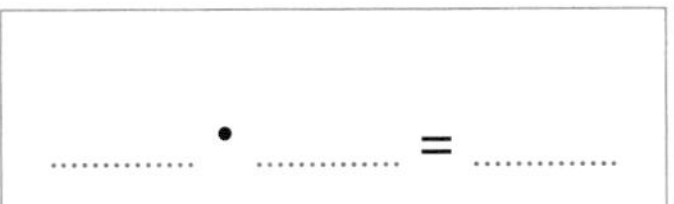

Schreibe die Aufgabe auf und löse sie:
Male das Ergebnis auf dem Ticket an.
Gehe zum **Igel**.
Zeichne den Weg auf der Landkarte ein.

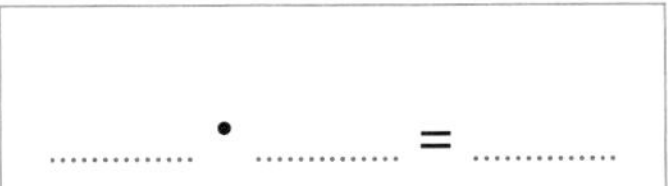

Routenplan (2/2)

Schreibe die Aufgabe auf und löse sie:
Male das Ergebnis auf dem Ticket an.
Gehe zum **Fuchs**.
Zeichne den Weg auf der Landkarte ein.

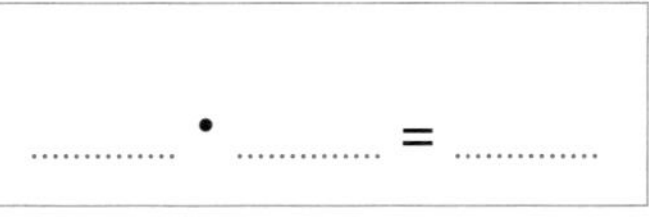

Schreibe die Aufgabe auf und löse sie:
Male das Ergebnis auf dem Ticket an.
Gehe zur **Eule**.
Zeichne den Weg auf der Landkarte ein.

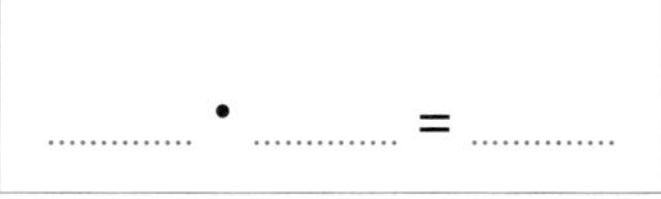

Schreibe die Aufgabe auf und löse sie:
Male das Ergebnis auf dem Ticket an.
Gehe zur **Sonne**.
Zeichne den Weg auf der Landkarte ein.

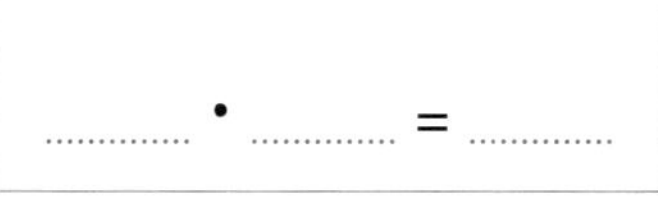

Schreibe die Aufgabe auf und löse sie:
Male das Ergebnis auf dem Ticket an.
Gehe zum **Schilf**.
Zeichne den Weg auf der Landkarte ein.

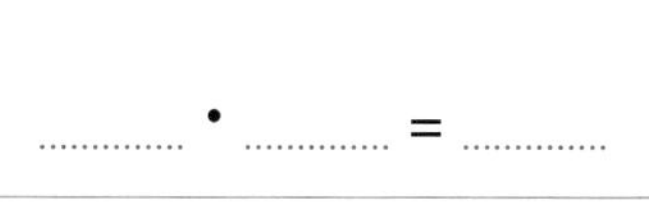

Schreibe die Aufgabe auf und löse sie:
Male das Ergebnis auf dem Ticket an.
Gehe zum **Reh**.
Zeichne den Weg auf der Landkarte ein.

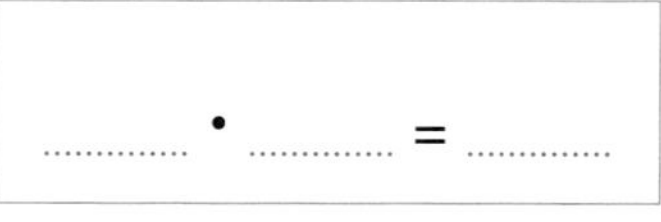

Schreibe die Aufgabe auf und löse sie:
Male das Ergebnis auf dem Ticket an.
Gehe zur **Maus**.
Zeichne den Weg auf der Landkarte ein.

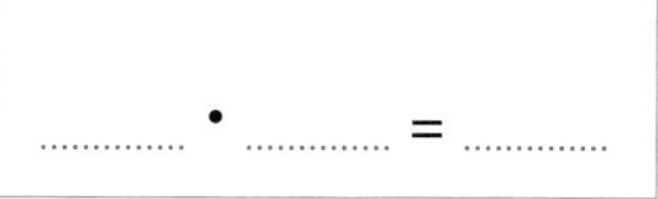

Schreibe die Aufgabe auf und löse sie:
Male das Ergebnis auf dem Ticket an.
Gehe zum **Eichhörnchen**.
Zeichne den Weg auf der Landkarte ein.

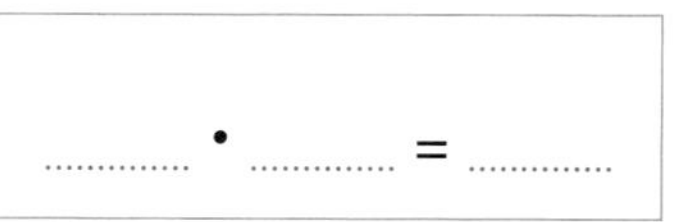

Schreibe die Aufgabe auf und löse sie:
Male das Ergebnis auf dem Ticket an.
Schreibe das **Lösungswort** auf.
Beginne oben.
Schreibe die Buchstaben von oben nach unten (↓) hin.
Öffne damit die Tür nach draußen.
Geschafft!

Den ganzen Tag denken Micha und Eleni an die Abenteuer hinter der Tür.
Viele Malaufgaben fliegen in ihren Köpfen herum.
Hilf ihnen, die Aufgaben zu lösen.

1. Vervollständige die Reihen.

3, 6, 9, ..., ..., ..., ..., ..., ..., 30

7, 14, 21, ..., ..., ..., ..., ..., ..., 70

4, 8, ..., ..., ..., ..., ..., ..., ..., 40

2. Rechne Aufgabe und Tauschaufgabe.

$3 \cdot 5 =$ .... $5 \cdot$ .... $=$	....	....	....
....	....	....	....

Tag und Nacht denken Micha und Eleni an die Abenteuer hinter der Tür.
Viele Malaufgaben fliegen in ihren Köpfen herum.
Hilf ihnen, die Aufgaben zu lösen.

1. Rechne aus! Die Nachbaraufgaben helfen dir.

5 • 5 = ...	3 • 8 = ...	4 • 7 = ...	2 • 9 = ...
6 • 5 = ...	4 • 8 = ...	5 • 7 = ...	3 • 9 = ...
3 • 2 = ...	6 • 9 = ...	8 • 2 = ...	4 • 6 = ...
4 • 2 = ...	7 • 9 = ...	9 • 2 = ...	5 • 6 = ...
10 • 8 = ...	7 • 6 = ...	8 • 5 = ...	6 • 4 = ...
9 • 8 = ...	6 • 6 = ...	7 • 5 = ...	5 • 4 = ...

2. Verbinde Aufgabe und Ergebniszahl. Ein Ergebnis bleibt übrig.

6 • 3

8 • 9

18

72

64

7 • 4

28

8 • 8

40

20

5 • 7

12

27

3 • 4

6 • 10

42

9 • 3

35

4 • 5

7 • 6

60

In der Nacht träumen Micha und Eleni von einem Abenteuer hinter der Tür.
Viele Malaufgaben kreisen in ihren Träumen herum.
Hilf ihnen, die Aufgaben und Ergebnisse zu finden.

1. Löse die Malaufgaben.

• 5	
2	
3	
6	
4	
8	

• 2	
5	
0	
7	
3	
9	

• 9	
10	
2	
8	
4	
7	

• 6	
5	
8	
4	
2	
9	

• 4	
3	
6	
10	
9	
5	

2. Löse die Einmaleinsräder.

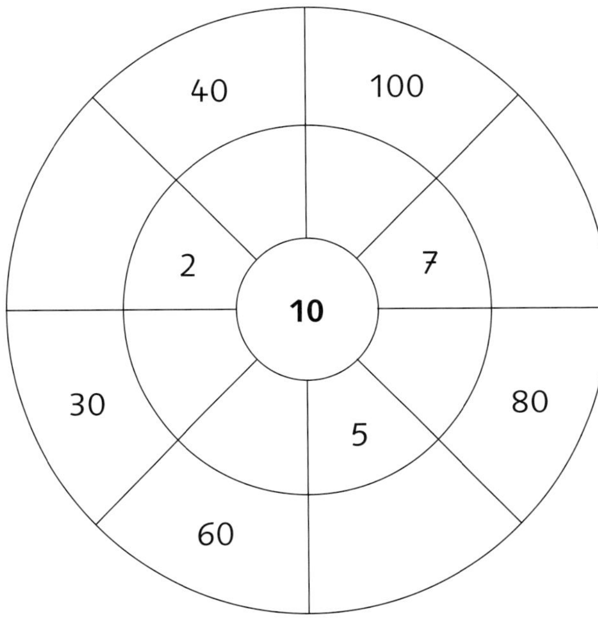

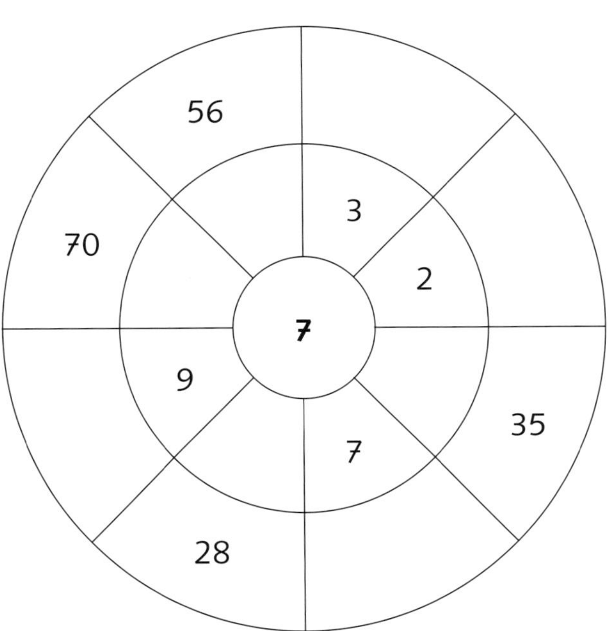

**3. Immer zwei Aufgaben haben das gleiche Ergebnis. Verbinde.
Eine Aufgabe bleibt übrig.**

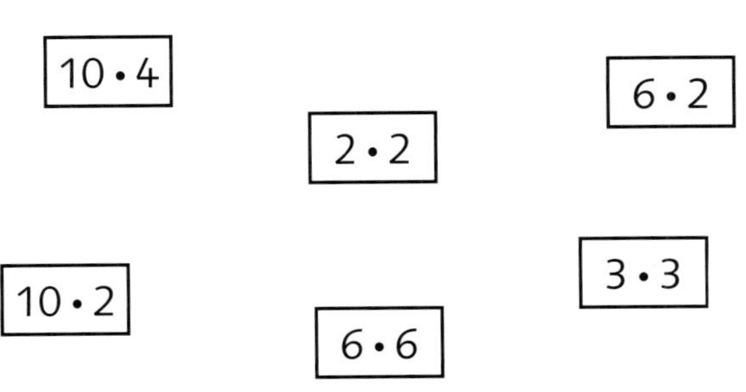

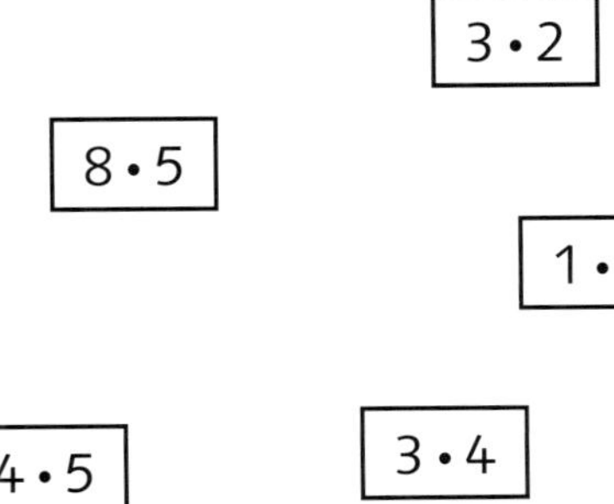

3 • 2

9 • 4

1 • 4

3 • 4

1 • 9

Ticket

→

20 E	2 A	24 R	15 S	16 D
34 M	30 L	28 B	0 E	42 L
21 N	8 E	38 M	32 R	46 S
18 B	36 O	4 T	27 U	12 N
22 T	14 B	6 O	40 S	10 N

Lösungswort: ....

Ticket

↓

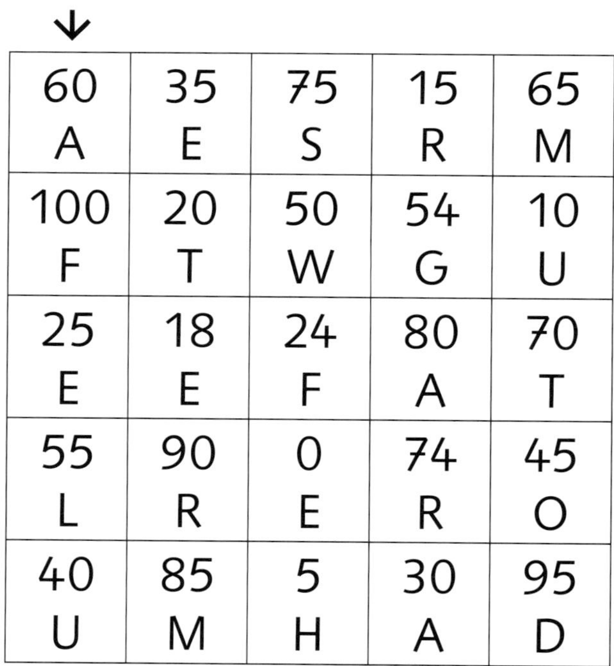

60 A	35 E	75 S	15 R	65 M
100 F	20 T	50 W	54 G	10 U
25 E	18 E	24 F	80 A	70 T
55 L	90 R	0 E	74 R	45 O
40 U	85 M	5 H	30 A	95 D

Lösungswort: ....

Ticket

↓

0 N	21 H	3 E	18 O	16 U
9 S	20 H	38 S	27 P	48 A
36 C	60 S	6 L	46 F	42 R
14 L	54 N	40 B	30 T	50 I
52 R	12 E	24 E	28 K	15 D

Lösungswort: ....

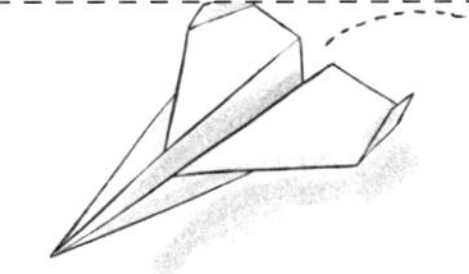

Ticket

↓

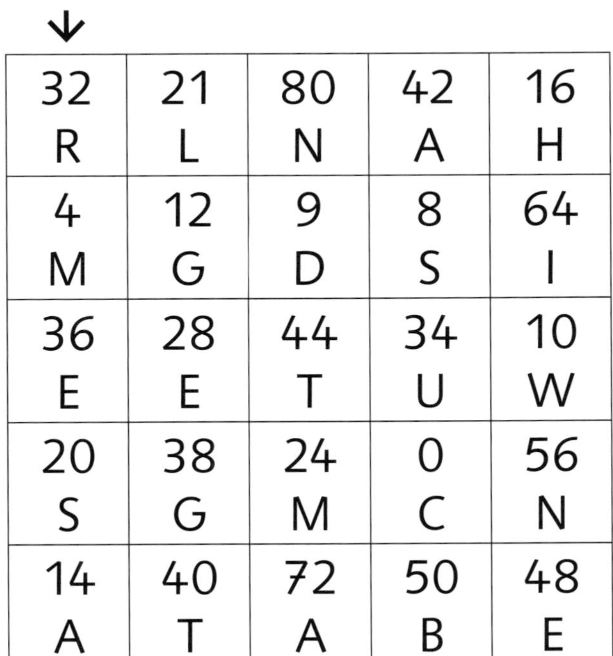

32 R	21 L	80 N	42 A	16 H
4 M	12 G	9 D	8 S	64 I
36 E	28 E	44 T	34 U	10 W
20 S	38 G	24 M	0 C	56 N
14 A	40 T	72 A	50 B	48 E

Lösungswort: ....

Ticket

→

63 S	6 L	24 A	36 T	90 E
82 E	72 R	27 N	21 S	12 K
65 S	28 R	54 C	35 E	9 H
30 U	18 N	45 U	32 M	0 P
48 D	15 P	20 G	81 E	42 S

Lösungswort: ....

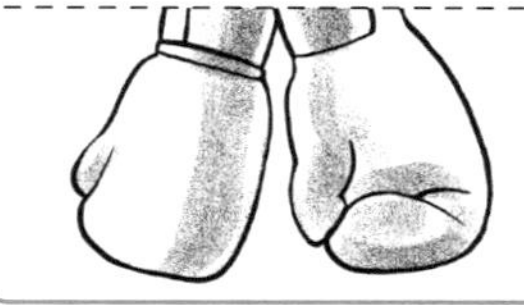

Ticket

↓

45 A	0 U	70 R	34 E	58 S
49 T	64 T	50 L	14 I	29 M
12 M	28 C	21 B	60 N	63 L
90 A	35 H	32 R	7 L	40 A
22 E	100 E	42 R	48 S	56 E

Lösungswort: ....

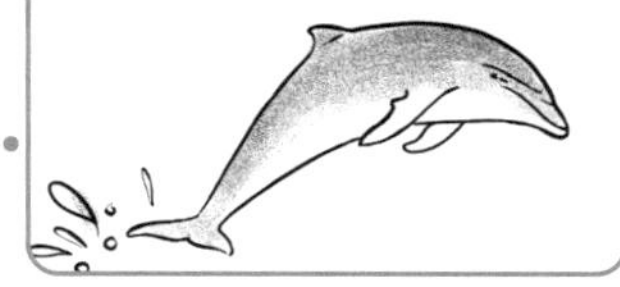

Ticket

→

8 W	15 T	22 L	30 A	28 T
49 S	40 H	27 S	9 D	24 O
72 I	63 E	20 K	16 R	18 P
21 F	35 U	42 L	50 G	36 A
60 N	54 T	0 A	32 Z	10 E

Lösungswort: ....

Ticket

↓

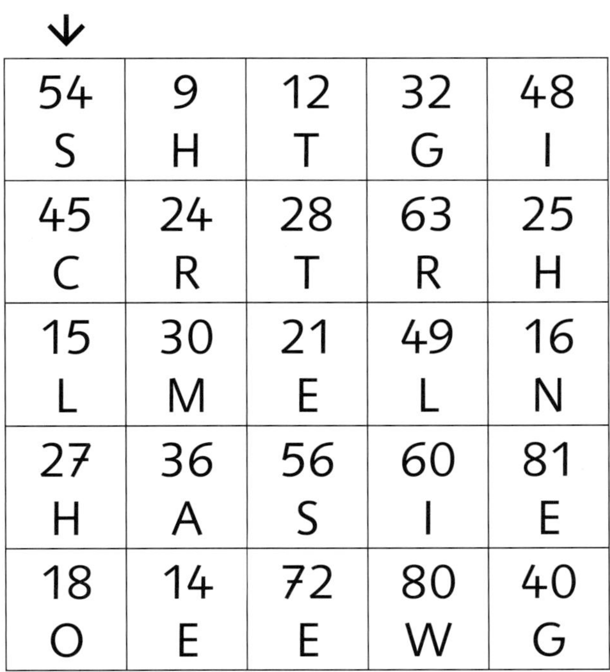

54 S	9 H	12 T	32 G	48 I
45 C	24 R	28 T	63 R	25 H
15 L	30 M	21 E	49 L	16 N
27 H	36 A	56 S	60 I	81 E
18 O	14 E	72 E	80 W	40 G

Lösungswort: ....

Reisetagebuch – Deckblatt/Tagebuchseite

Reisetagebuch von:

....

Klebefläche Tür

Klebefläche Länderbild

Datum: ....

Lösungswort:

....

Das würde ich in dem Land machen:

....

....

Diese 2 Aufgaben kann ich gut rechnen:

....

....

Diese 2 Aufgaben muss ich noch üben:

....

....

Reisetagebuch – Länderbilder (1/2)

1. Male das Bild mit Bunt- oder Filzstiften an.

2. Schneide das Bild aus und klebe es in das Reisetagebuch.

Land der Süßigkeiten

Land des Spielzeugs

Land der wilden Tiere

Land der Experimente

Reisetagebuch – Länderbilder (2/2)

Land der Sterne

Land des Sports

Land des Wassers

Land des Waldes

Lösungen: Route und Ticket

20 E	2 A	24 R	15 S	16 D
34 M	30 L	28 B	0 E	42 L
21 N	8 E	38 M	32 R	46 S
18 B	36 O	4 T	27 U	12 N
22 T	14 B	6 O	40 S	10 N

Lösungswort:
Erdbeerbonbon

Lösungen: Route und Ticket

60 A	35 E	75 S	15 R	65 M
100 F	20 T	50 W	54 G	10 U
25 E	18 E	24 F	80 A	70 T
55 L	90 R	0 E	74 R	45 O
40 U	85 M	5 H	30 A	95 D

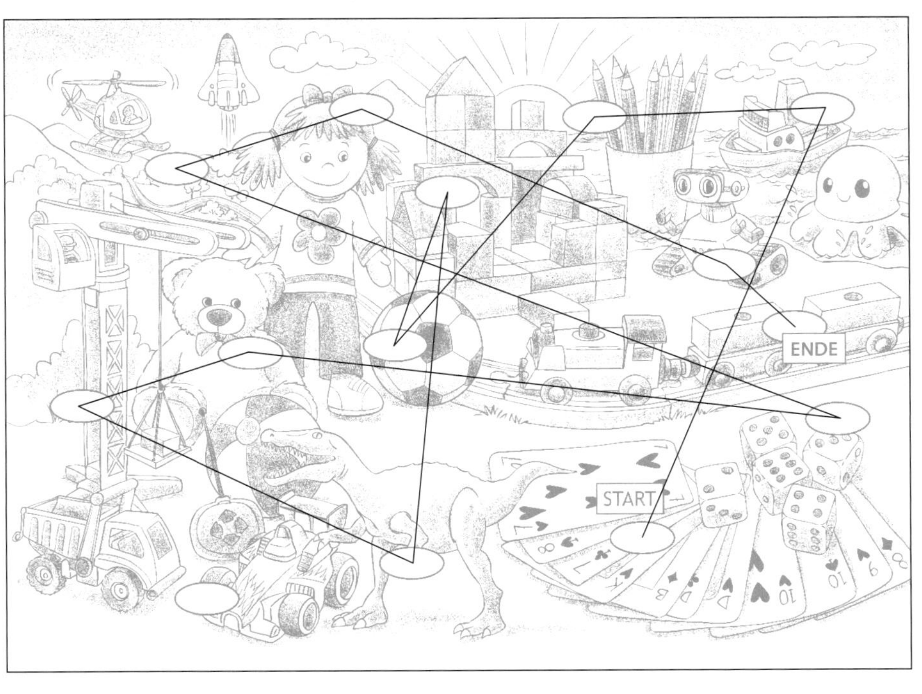

Lösungswort:
Feuerwehrauto

Lösungen: Route und Ticket

↓

0 N	21 H	3 E	18 O	16 U
9 S	20 H	38 S	27 P	48 A
36 C	60 S	6 L	46 F	42 R
14 L	54 N	40 B	30 T	50 I
52 R	12 E	24 E	28 K	15 D

Lösungswort:
Schneeleopard

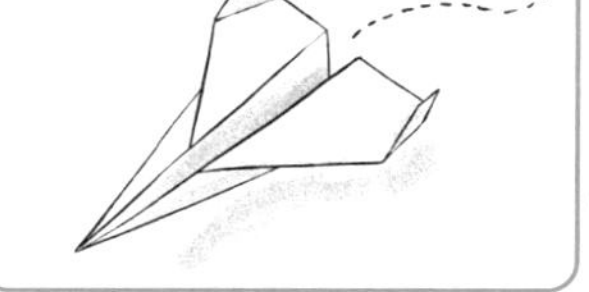

Lösungen: Route und Ticket

↓

32 R	21 L	80 N	42 A	16 H
4 M	12 G	9 D	8 S	64 I
36 E	28 E	44 T	34 U	10 W
20 S	38 G	24 M	0 C	56 N
14 A	40 T	72 A	50 B	48 E

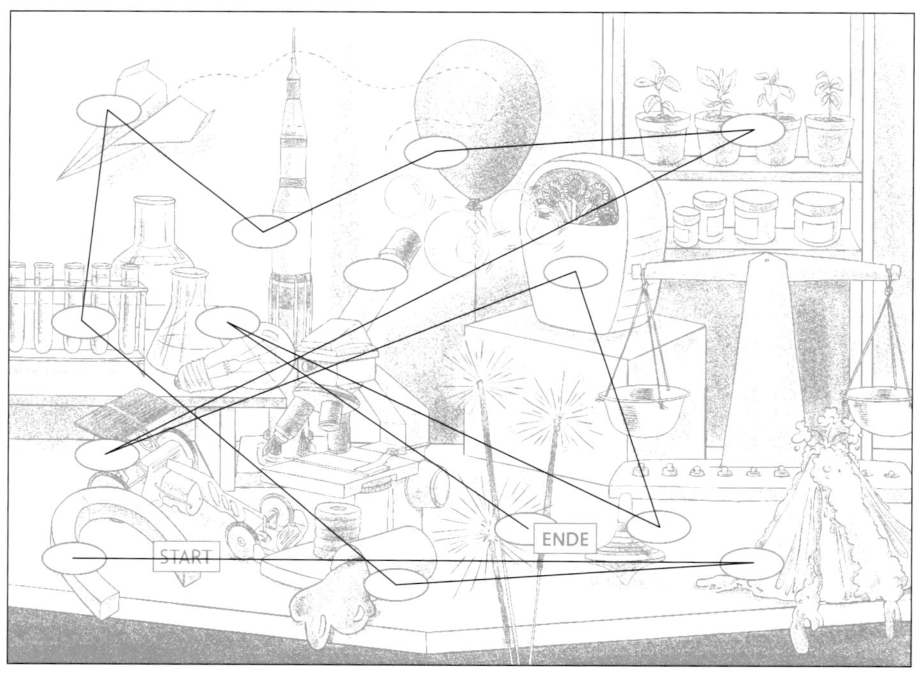

Lösungswort:
Regenmaschine

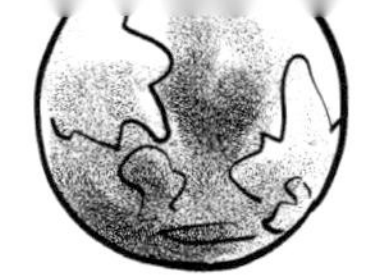

Lösungen: Route und Ticket

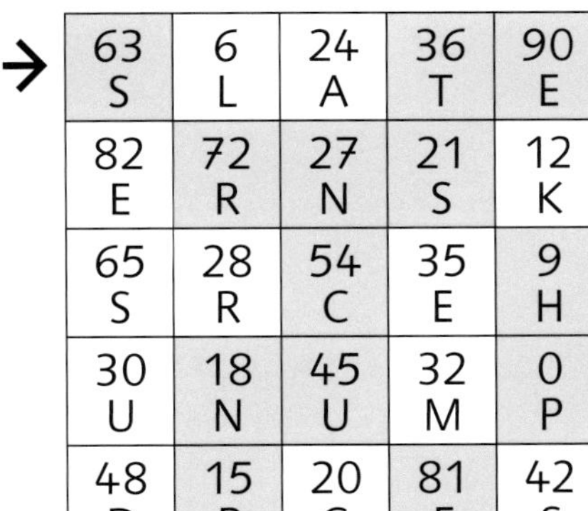

→

63 S	6 L	24 A	36 T	90 E
82 E	72 R	27 N	21 S	12 K
65 S	28 R	54 C	35 E	9 H
30 U	18 N	45 U	32 M	0 P
48 D	15 P	20 G	81 E	42 S

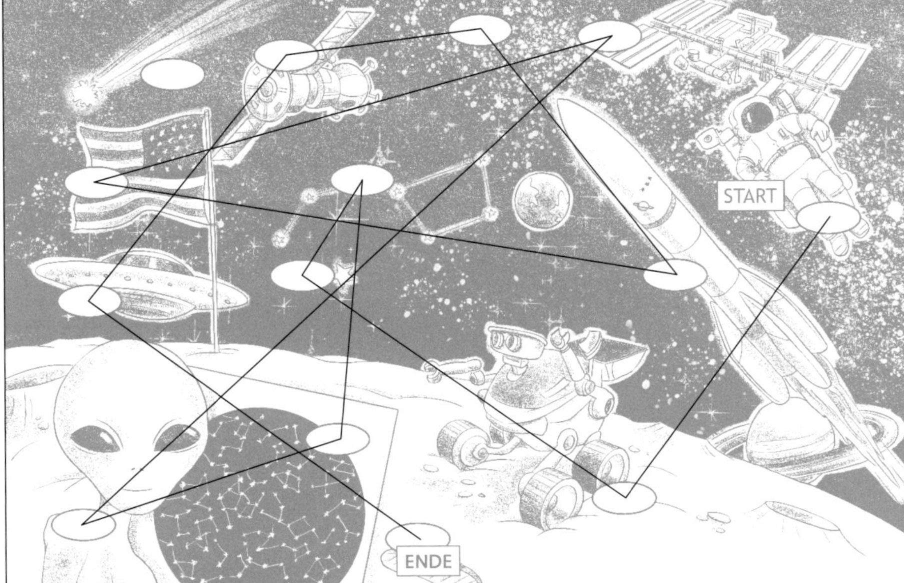

Lösungswort:
Sternschnuppe

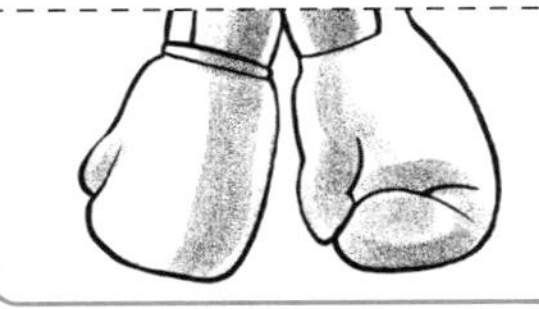

Lösungen: Route und Ticket

↓

45 A	0 U	70 R	34 E	58 S
49 T	64 T	50 L	14 I	29 M
12 M	28 C	21 B	60 N	63 L
90 A	35 H	32 R	7 L	40 A
22 E	100 E	42 R	48 S	56 E

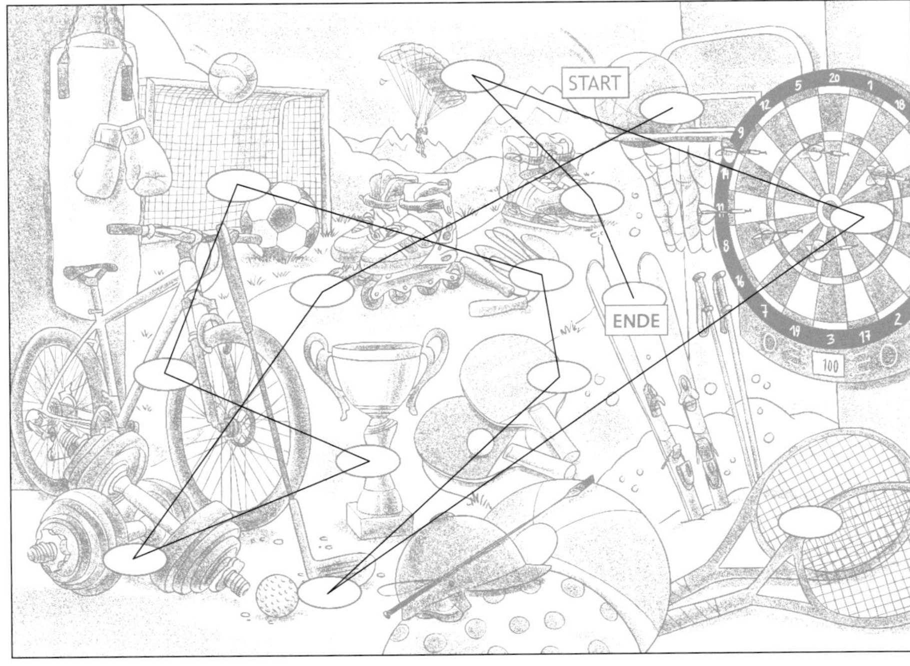

Lösungswort:
Taucherbrille

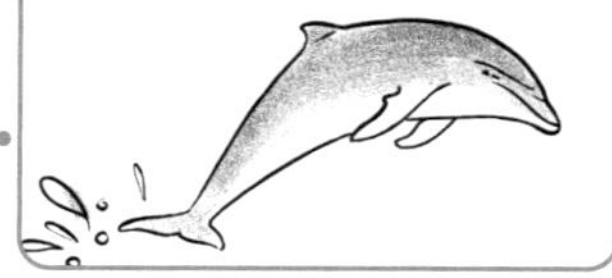

Lösungen: Route und Ticket

8 W	15 T	22 L	30 A	28 T
49 S	40 H	27 S	9 D	24 O
72 I	63 E	20 K	16 R	18 P
21 F	35 U	42 L	50 G	36 A
60 N	54 T	0 A	32 Z	10 E

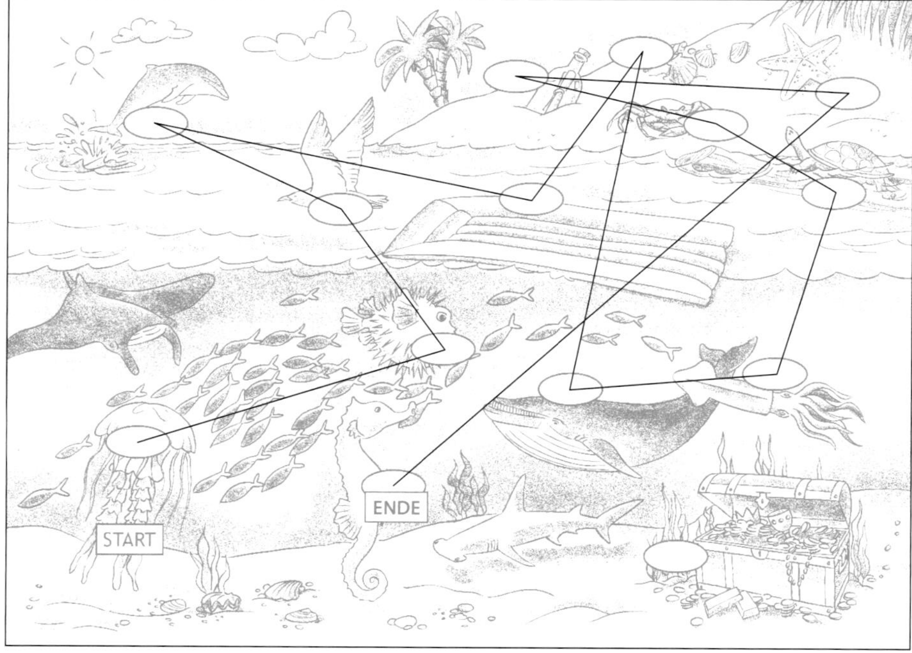

Lösungswort:
Wasserpflanze

Lösungen: Route und Ticket

↓

54 S	9 H	12 T	32 G	48 I
45 C	24 R	28 T	63 R	25 H
15 L	30 M	21 E	49 L	16 N
27 H	36 A	56 S	60 I	81 E
18 O	14 E	72 E	80 W	40 G

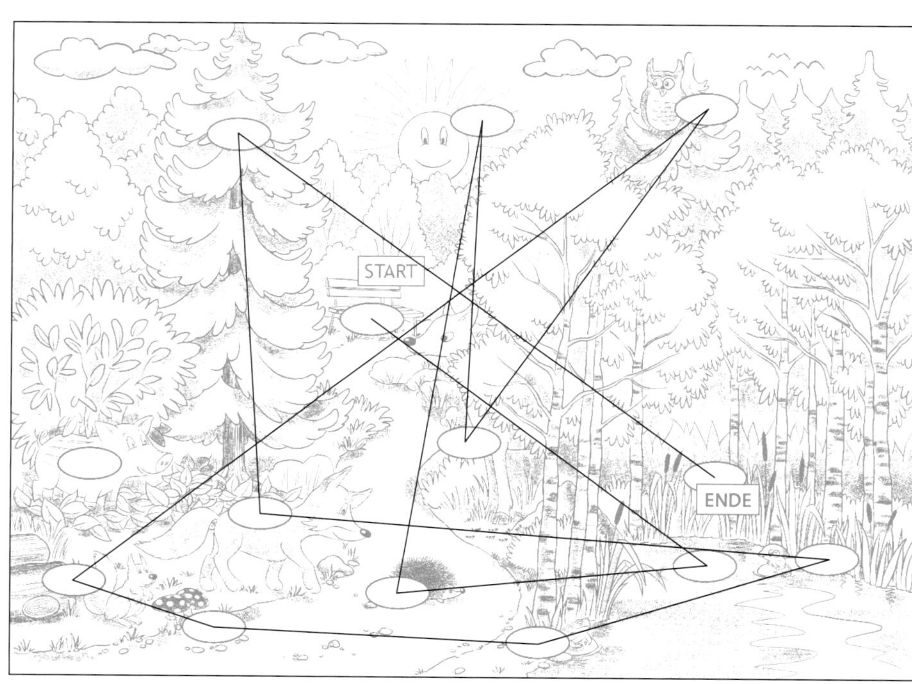

Lösungswort:
Schmetterling

Lösungen: Übung 1

Den ganzen Tag denken Micha und Eleni an die Abenteuer hinter der Tür.
Viele Malaufgaben fliegen in ihren Köpfen herum.
Hilf ihnen, die Aufgaben zu lösen.

1. Rechne zu jedem Bild die Plusaufgabe und die Malaufgabe.

4 + 4 + 4 + 4 + 4 = 20 5 · 4 = 20	2 + 2 + 2 + 2 + 2 + 2 = 12 6 · 2 = 12	4+4+4+4+4+4+4 = 28 7 · 4 = 28
4 + 4 + 4 = 12 3 · 4 = 12	4 + 4 + 4 + 4 + 4 + 4 = 24 6 · 4 = 24	2 + 2 + 2 = 6 3 · 2 = 6

2. Rechne Aufgabe und Tauschaufgabe.

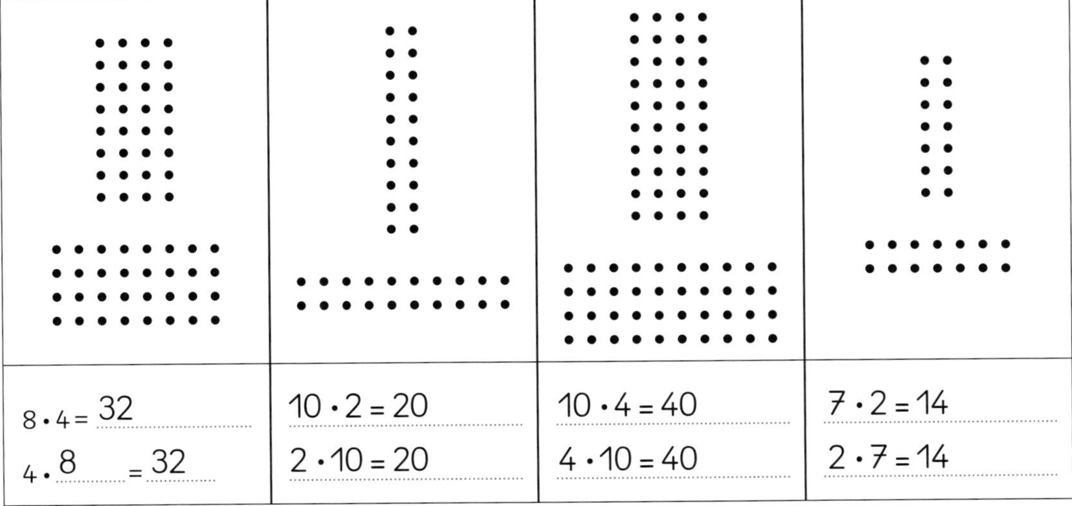

8 · 4 = 32 4 · 8 = 32	10 · 2 = 20 2 · 10 = 20	10 · 4 = 40 4 · 10 = 40	7 · 2 = 14 2 · 7 = 14

2er- und 4er-Reihe

Rechenspurgeschichten für die Grundschule – **Kleines Einmaleins** 17

Lösungen: Übung 2

Tag und Nacht denken Micha und Eleni an die Abenteuer hinter der Tür.
Viele Malaufgaben fliegen in ihren Köpfen herum.
Hilf ihnen, die Aufgaben zu lösen.

1. Male die Ergebnisse der 2er-Reihe gelb und die Ergebnisse der 4er-Reihe blau an.

1	2	3	4	5	6	7	8	9	10
11	12	13	14	15	16	17	18	19	20
21	22	23	24	25	26	27	28	29	30
31	32	33	34	35	36	37	38	39	40
41	42	43	44	45	46	47	48	49	50
51	52	53	54	55	56	57	58	59	60
61	62	63	64	65	66	67	68	69	70
71	72	73	74	75	76	77	78	79	80
81	82	83	84	85	86	87	88	89	90
91	92	93	94	95	96	97	98	99	100

2. Löse die Kernaufgaben.

1 • 2 = 2	1 • 4 = 4
2 • 2 = 4	2 • 4 = 8
5 • 2 = 10	5 • 4 = 20
10 • 2 = 20	10 • 4 = 40

3. Rechne die Aufgaben. Die Kernaufgaben können dir helfen.

2 • 2 = 4	5 • 2 = 10	5 • 2 = 10	10 • 2 = 20	10 • 2 = 20
2 • 2 = 4	1 • 2 = 2	2 • 2 = 4	1 • 2 = 2	2 • 2 = 4
4 • 2 = 8	6 • 2 = 12	7 • 2 = 14	9 • 2 = 18	8 • 2 = 16
2 • 4 = 8	5 • 4 = 20	5 • 4 = 20	10 • 4 = 40	10 • 4 = 40
2 • 4 = 8	1 • 4 = 4	2 • 4 = 8	1 • 4 = 4	2 • 4 = 8
4 • 4 = 16	6 • 4 = 24	7 • 4 = 28	9 • 4 = 36	8 • 4 = 32

Lösungen: Übung 3

In der Nacht träumen Micha und Eleni von ihrem Abenteuer hinter der Tür.
Viele Malaufgaben kreisen in ihren Träumen herum.
Hilf ihnen, die Aufgaben und Ergebnisse zu finden.

1. Suche drei Malaufgaben und ihre Ergebnisse. Verbinde und schreibe die Aufgaben auf.

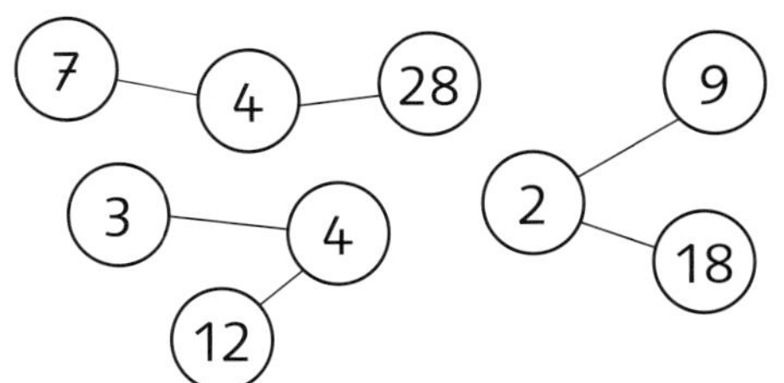

7 · 4 = 28
9 · 2 = 18
3 · 4 = 12

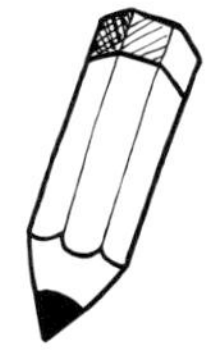

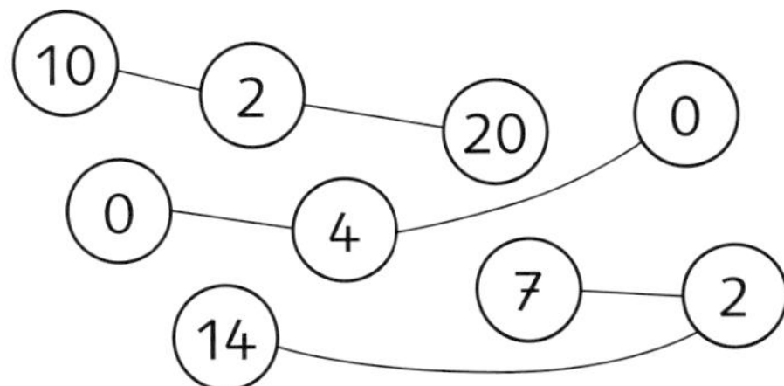

10 · 2 = 20
0 · 4 = 0
7 · 2 = 14

2. Löse die Malaufgaben.

• 2	
5	10
7	14
3	6
6	12
2	4
10	20
4	8
9	18
1	2
8	16
0	0

• 4	
4	16
9	36
3	12
7	28
5	20
1	4
0	0
10	40
2	8
6	24
8	32

Lösungen: Übung 1

Den ganzen Tag denken Micha und Eleni an die Abenteuer hinter der Tür.
Viele Malaufgaben fliegen in ihren Köpfen herum.
Hilf ihnen, die Aufgaben zu lösen.

1. Rechne zu jedem Bild die Plusaufgabe und die Malaufgabe.

5 + 5 + 5 + 5 + 5 = 25 5 · 5 = 25	5 + 5 + 5 + 5 + 5 + 5 + 5 = 35 7 · 5 = 35	10 + 10 + 10 + 10 + 10 + 10 = 60 6 · 10 = 60

10 + 10 = 20 2 · 10 = 20	5 + 5 + 5 = 15 3 · 5 = 15	5 + 5 + 5 + 5 + 5 + 5 = 30 6 · 5 = 30

2. Rechne Aufgabe und Tauschaufgabe.

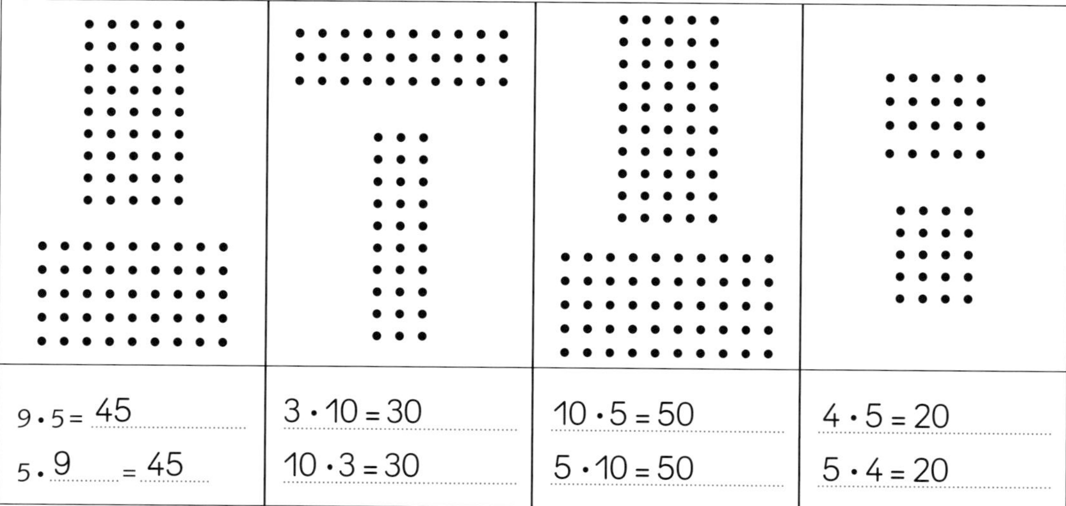

9 · 5 = 45 5 · 9 = 45	3 · 10 = 30 10 · 3 = 30	10 · 5 = 50 5 · 10 = 50	4 · 5 = 20 5 · 4 = 20

Lösungen: Übung 2

Tag und Nacht denken Micha und Eleni an die Abenteuer hinter der Tür.
Viele Malaufgaben fliegen in ihren Köpfen herum.
Hilf ihnen, die Aufgaben zu lösen.

1. Male die Ergebnisse der 5er-Reihe gelb und die Ergebnisse der 10er-Reihe blau an.

1	2	3	4	5	6	7	8	9	10
11	12	13	14	15	16	17	18	19	20
21	22	23	24	25	26	27	28	29	30
31	32	33	34	35	36	37	38	39	40
41	42	43	44	45	46	47	48	49	50
51	52	53	54	55	56	57	58	59	60
61	62	63	64	65	66	67	68	69	70
71	72	73	74	75	76	77	78	79	80
81	82	83	84	85	86	87	88	89	90
91	92	93	94	95	96	97	98	99	100

2. Löse die Kernaufgaben.

1 • 5 = 5	1 • 10 = 10
2 • 5 = 10	2 • 10 = 20
5 • 5 = 25	5 • 10 = 50
10 • 5 = 50	10 • 10 = 100

3. Rechne die Aufgaben. Die Kernaufgaben können dir helfen.

2 • 5 = 10	5 • 5 = 25	5 • 5 = 25	10 • 5 = 50	10 • 5 = 50
2 • 5 = 10	1 • 5 = 5	2 • 5 = 10	1 • 5 = 5	2 • 5 = 10
4 • 5 = 20	6 • 5 = 30	7 • 5 = 35	9 • 5 = 45	8 • 5 = 40
2 • 10 = 20	5 • 10 = 50	5 • 10 = 50	10 • 10 = 100	10 • 10 = 100
2 • 10 = 20	1 • 10 = 10	2 • 10 = 20	1 • 10 = 10	2 • 10 = 20
4 • 10 = 40	6 • 10 = 60	7 • 10 = 70	9 • 10 = 90	8 • 10 = 80

5er- und 10er-**Reihe**

Rechenspurgeschichten für die Grundschule – **Kleines Einmaleins** 24

© Verlag an der Ruhr | Autorin: Stephanie Cech-Wenning | www.verlagruhr.de
Illustrationen: Bettina Weyland

Lösungen: Übung 3

In der Nacht träumen Micha und Eleni von einem Abenteuer hinter der Tür.
Viele Malaufgaben kreisen in ihren Träumen herum.
Hilf ihnen, die Aufgaben und Ergebnisse zu finden.

1. Suche drei Malaufgaben und ihre Ergebnisse. Verbinde und schreibe die Aufgaben auf!

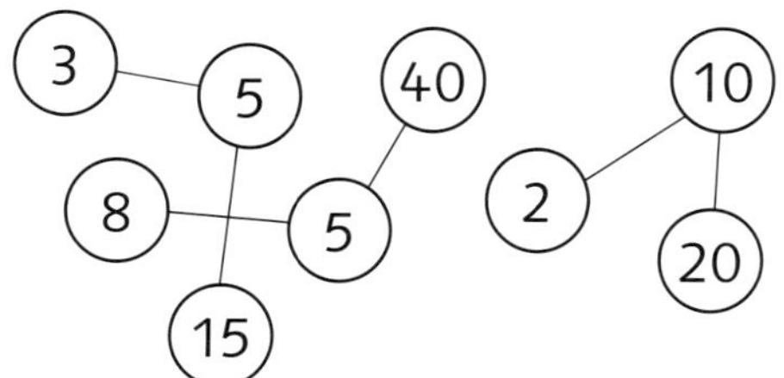

3 • 5 = 15
8 • 5 = 40
2 • 10 = 20

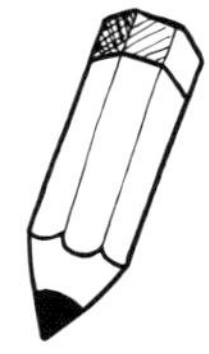

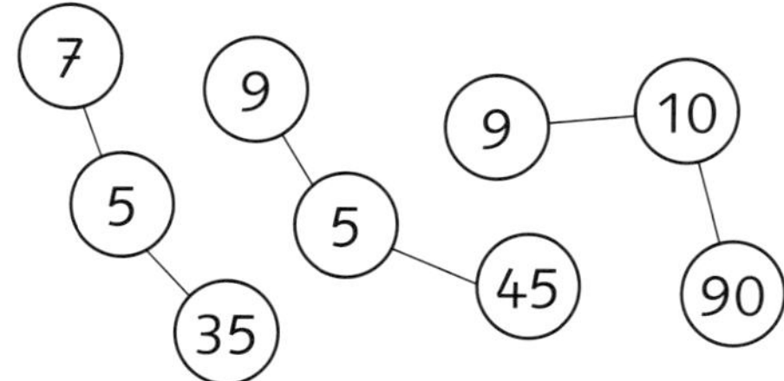

7 • 5 = 35
9 • 5 = 45
9 • 10 = 90

2. Löse die Malaufgaben.

• 5	
10	50
7	35
9	45
6	30
2	10
5	25
3	15
0	0
4	20
8	40
1	5

• 10	
9	90
2	20
3	30
7	70
5	50
1	10
6	60
4	40
8	80
10	100
0	0

Lösungen: Übung 1

Den ganzen Tag denken Micha und Eleni an die Abenteuer hinter der Tür.
Viele Malaufgaben fliegen in ihren Köpfen herum.
Hilf ihnen, die Aufgaben zu lösen.

1. Rechne zu jedem Bild die Plusaufgabe und die Malaufgabe.

3 + 3 + 3 + 3 + 3 + 3 = 18 6 • 3 = 18	6 + 6 + 6 + 6 = 24 4 • 6 = 24	6 + 6 = 12 2 • 6 = 12
6 + 6 + 6 + 6 + 6 = 30 5 • 6 = 30	3 + 3 + 3 = 9 3 • 3 = 9	3 + 3 + 3 + 3 + 3 + 3 + 3 = 21 7 • 3 = 21

2. Rechne Aufgabe und Tauschaufgabe.

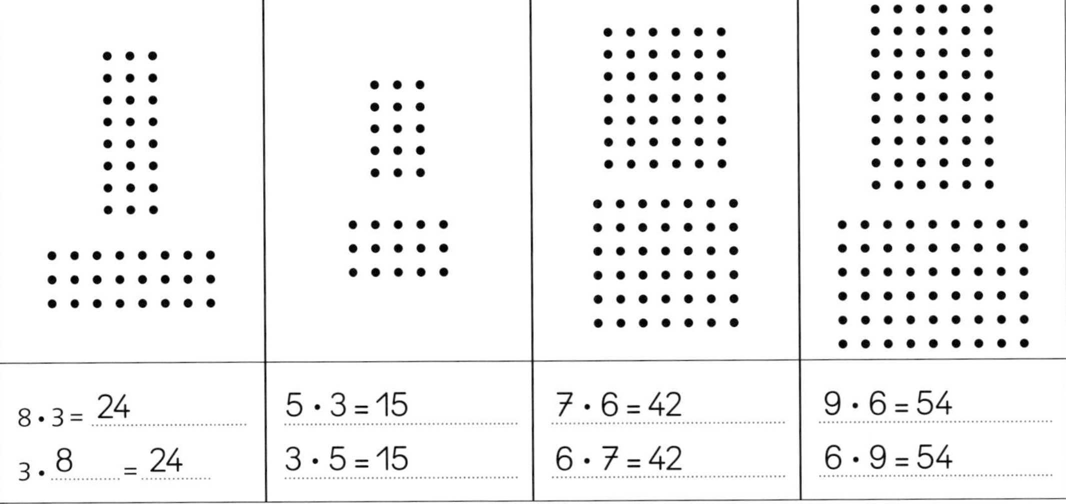

8 • 3 = 24 3 • 8 = 24	5 • 3 = 15 3 • 5 = 15	7 • 6 = 42 6 • 7 = 42	9 • 6 = 54 6 • 9 = 54

Lösungen: Übung 2

Tag und Nacht denken Micha und Eleni an die Abenteuer hinter der Tür.
Viele Malaufgaben fliegen in ihren Köpfen herum.
Hilf ihnen, die Aufgaben zu lösen.

1. Male die Ergebnisse der 3er-Reihe rot und die Ergebnisse der 6er-Reihe gelb an.

1	2	3	4	5	6	7	8	9	10
11	12	13	14	15	16	17	18	19	20
21	22	23	24	25	26	27	28	29	30
31	32	33	34	35	36	37	38	39	40
41	42	43	44	45	46	47	48	49	50
51	52	53	54	55	56	57	58	59	60
61	62	63	64	65	66	67	68	69	70
71	72	73	74	75	76	77	78	79	80
81	82	83	84	85	86	87	88	89	90
91	92	93	94	95	96	97	98	99	100

2. Löse die Kernaufgaben.

1 • 3 = 3	1 • 6 = 6
2 • 3 = 6	2 • 6 = 12
5 • 3 = 15	5 • 6 = 30
10 • 3 = 30	10 • 6 = 60

3. Rechne die Aufgaben. Die Kernaufgaben können dir helfen.

2 • 3 = 6	5 • 3 = 15	5 • 3 = 15	10 • 3 = 30	10 • 3 = 30
2 • 3 = 6	1 • 3 = 3	2 • 3 = 6	1 • 3 = 3	2 • 3 = 6
4 • 3 = 12	6 • 3 = 18	7 • 3 = 21	9 • 3 = 27	8 • 3 = 24
2 • 6 = 12	5 • 6 = 30	5 • 6 = 30	10 • 6 = 60	10 • 6 = 60
2 • 6 = 12	1 • 6 = 6	2 • 6 = 12	1 • 6 = 6	2 • 6 = 12
4 • 6 = 24	6 • 6 = 36	7 • 6 = 42	9 • 6 = 54	8 • 6 = 48

Lösungen: Übung 3

In der Nacht träumen Micha und Eleni von einem Abenteuer hinter der Tür.
Viele Malaufgaben kreisen in ihren Träumen herum.
Hilf ihnen, die Aufgaben und Ergebnisse zu finden.

1. Suche drei Malaufgaben und ihre Ergebnisse.
Verbinde und schreibe die Aufgaben auf!

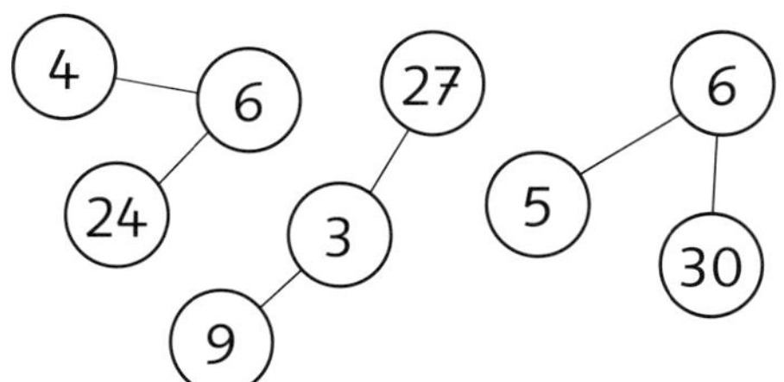

4 • 6 = 24
9 • 3 = 27
5 • 6 = 30

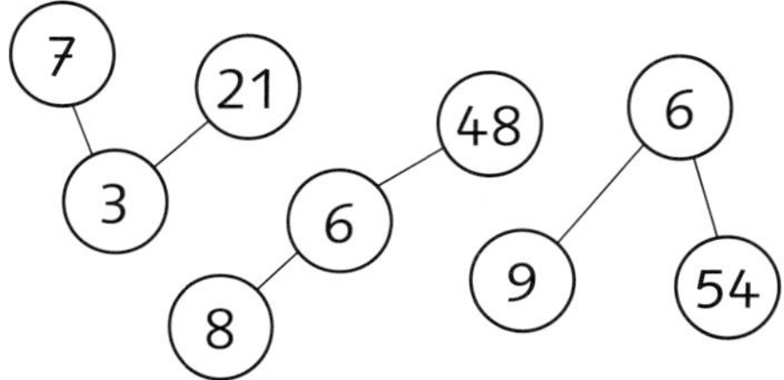

7 • 3 = 21
8 • 6 = 48
9 • 6 = 54

2. Löse die Malaufgaben.

• 3	
0	0
4	12
8	24
3	9
9	27
7	21
1	3
5	15
2	6
10	30
6	18

• 6	
9	54
4	24
3	18
7	42
6	36
2	12
0	0
1	6
8	48
10	60
5	30

Lösungen: Übung 1

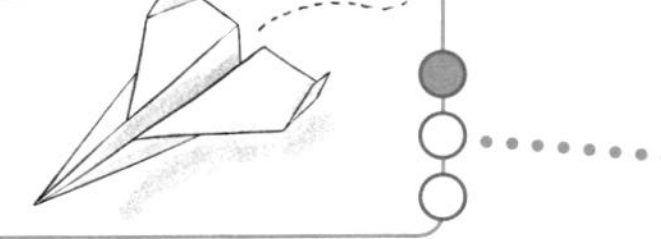

Den ganzen Tag denken Micha und Eleni an die Abenteuer hinter der Tür.
Viele Malaufgaben fliegen in ihren Köpfen herum.
Hilf ihnen, die Aufgaben zu lösen.

1. Rechne zu jedem Bild die Plusaufgabe und die Malaufgabe.

8 + 8 + 8 + 8 + 8 + 8 + 8 + 8 = 64 8 · 8 = 64	4 + 4 + 4 = 12 3 · 4 = 12	8 + 8 + 8 + 8 = 32 4 · 8 = 32
4 + 4 + 4 + 4 = 16 4 · 4 = 16	8 + 8 + 8 + 8 + 8 + 8 = 48 6 · 8 = 48	4 + 4 + 4 + 4 + 4 + 4 + 4 = 28 7 · 4 = 28

2. Rechne Aufgabe und Tauschaufgabe.

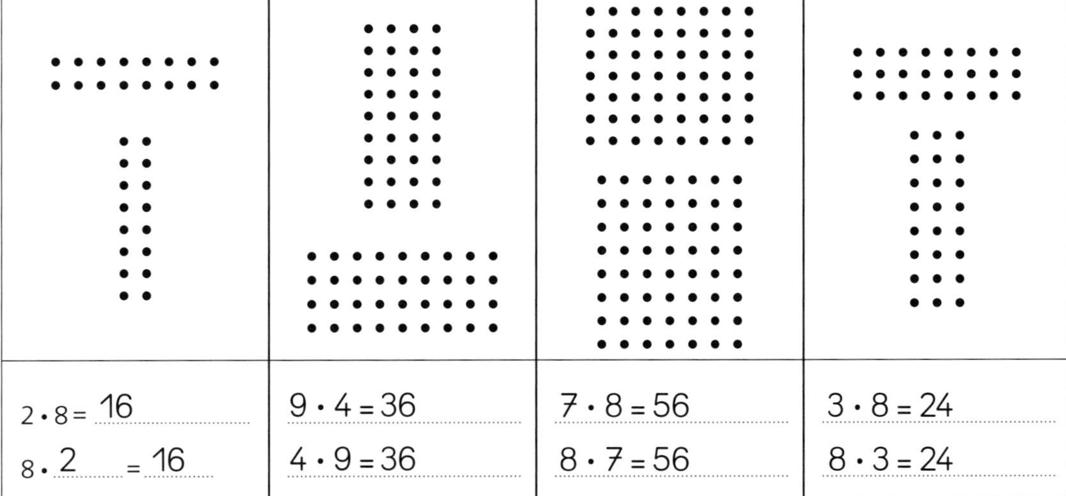

2 · 8 = 16 8 · 2 = 16	9 · 4 = 36 4 · 9 = 36	7 · 8 = 56 8 · 7 = 56	3 · 8 = 24 8 · 3 = 24

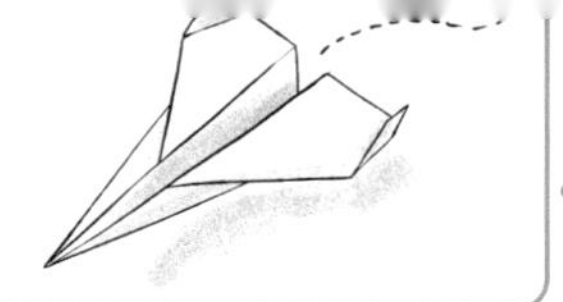

Lösungen: Übung 2

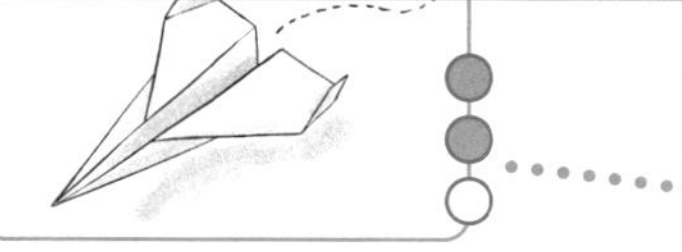

Tag und Nacht denken Micha und Eleni an die Abenteuer hinter der Tür.
Viele Malaufgaben fliegen in ihren Köpfen herum.
Hilf ihnen, die Aufgaben zu lösen.

1. Male die Ergebnisse der 4er-Reihe blau und die Ergebnisse der 8er-Reihe gelb an.

1	2	3	4	5	6	7	8	9	10
11	12	13	14	15	16	17	18	19	20
21	22	23	24	25	26	27	28	29	30
31	32	33	34	35	36	37	38	39	40
41	42	43	44	45	46	47	48	49	50
51	52	53	54	55	56	57	58	59	60
61	62	63	64	65	66	67	68	69	70
71	72	73	74	75	76	77	78	79	80
81	82	83	84	85	86	87	88	89	90
91	92	93	94	95	96	97	98	99	100

2. Löse die Kernaufgaben.

1 • 4 = 4	1 • 8 = 8
2 • 4 = 8	2 • 8 = 16
5 • 4 = 20	5 • 8 = 40
10 • 4 = 40	10 • 8 = 80

3. Rechne die Aufgaben. Die Kernaufgaben können dir helfen.

2 • 4 = 8	5 • 4 = 20	5 • 4 = 20	10 • 4 = 40	10 • 4 = 40
2 • 4 = 8	1 • 4 = 4	2 • 4 = 8	1 • 4 = 4	2 • 4 = 8
4 • 4 = 16	6 • 4 = 24	7 • 4 = 28	9 • 4 = 36	8 • 4 = 32
2 • 8 = 16	5 • 8 = 40	5 • 8 = 40	10 • 8 = 80	10 • 8 = 80
2 • 8 = 16	1 • 8 = 8	2 • 8 = 16	1 • 8 = 8	2 • 8 = 16
4 • 8 = 32	6 • 8 = 48	7 • 8 = 56	9 • 8 = 72	8 • 8 = 64

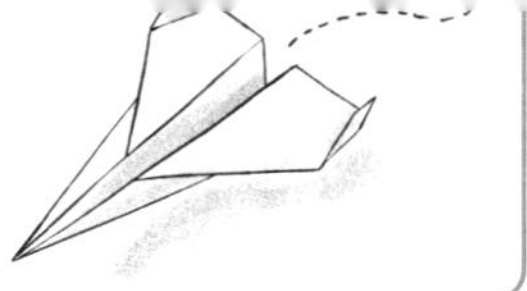

Lösungen: Übung 3

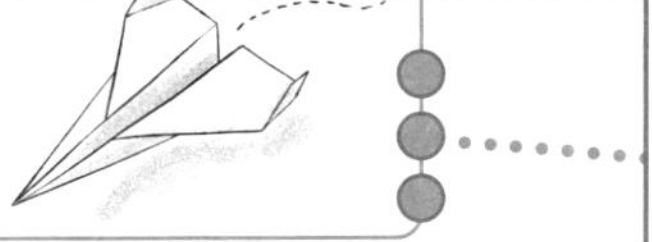

In der Nacht träumen Micha und Eleni von einem Abenteuer hinter der Tür.
Viele Malaufgaben kreisen in ihren Träumen herum.
Hilf ihnen, die Aufgaben und Ergebnisse zu finden.

1. Suche drei Malaufgaben und ihre Ergebnisse. Verbinde und schreibe die Aufgaben auf!

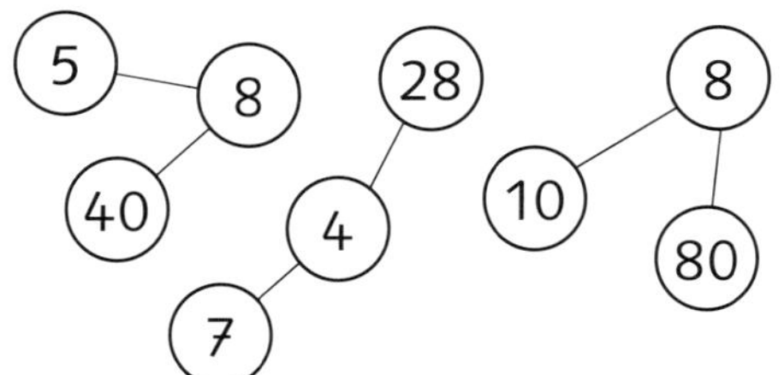

5 • 8 = 40
7 • 4 = 28
10 • 8 = 80

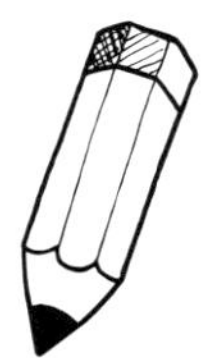

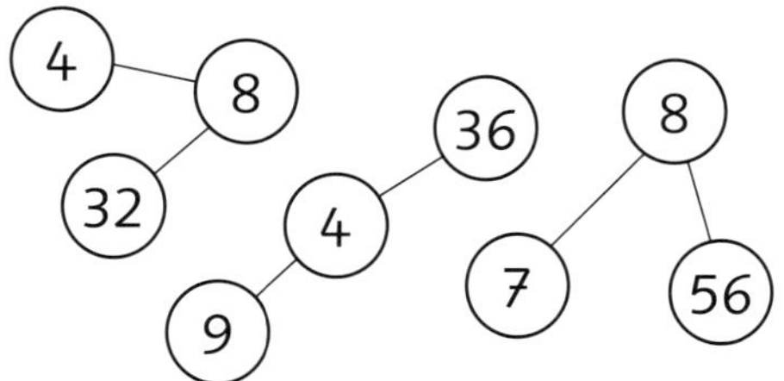

4 • 8 = 32
9 • 4 = 36
7 • 8 = 56

2. Löse die Malaufgaben.

• 4	
5	20
7	28
8	32
0	0
2	8
10	40
1	4
9	36
4	16
3	12
6	24

• 8	
8	64
9	72
3	24
7	56
6	48
1	8
0	0
5	40
2	16
10	80
4	32

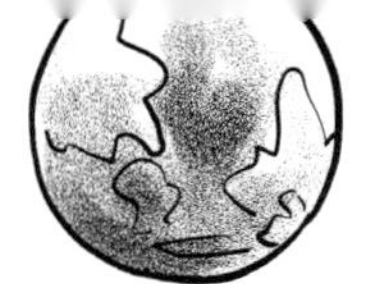

Lösungen: Übung 1

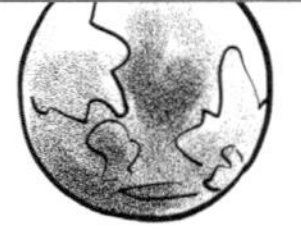

Den ganzen Tag denken Micha und Eleni an die Abenteuer hinter der Tür.
Viele Malaufgaben fliegen in ihren Köpfen herum.
Hilf ihnen, die Aufgaben zu lösen.

1. Rechne zu jedem Bild die Plusaufgabe und die Malaufgabe.

9 + 9 + 9 = 27 3 · 9 = 27	3 + 3 + 3 + 3 + 3 = 15 5 · 3 = 15	9 + 9 = 18 2 · 9 = 18
9 + 9 + 9 + 9 + 9 + 9 + 9 = 63 7 · 9 = 63	3 + 3 + 3 + 3 + 3 + 3 + 3 = 21 7 · 3 = 21	9 + 9 + 9 + 9 + 9 = 45 5 · 9 = 45

2. Rechne Aufgabe und Tauschaufgabe.

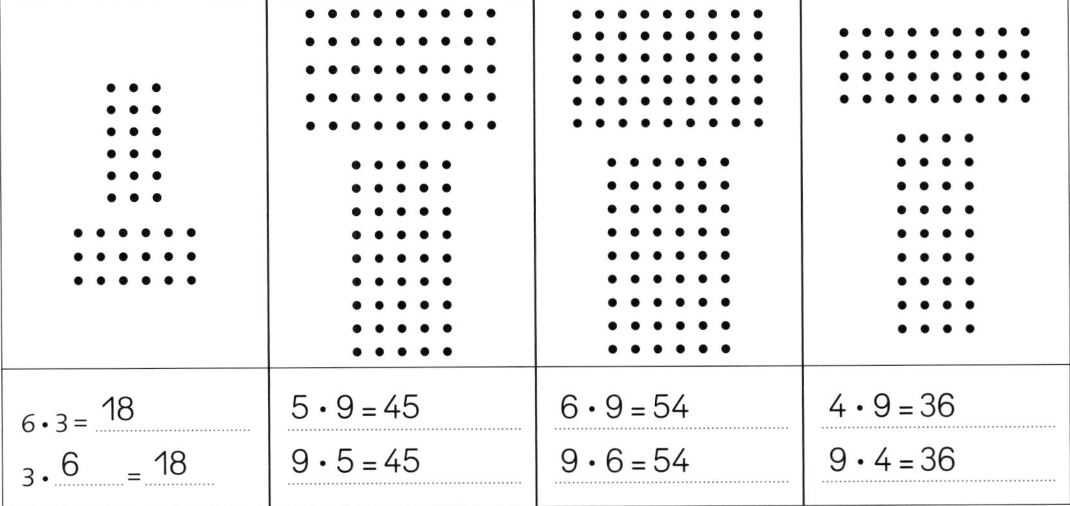

6 · 3 = 18 3 · 6 = 18	5 · 9 = 45 9 · 5 = 45	6 · 9 = 54 9 · 6 = 54	4 · 9 = 36 9 · 4 = 36

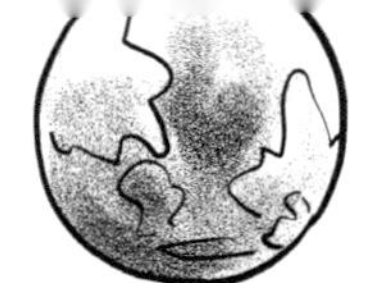

Lösungen: Übung 2

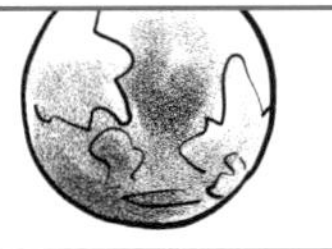

Tag und Nacht denken Micha und Eleni an die Abenteuer hinter der Tür.
Viele Malaufgaben fliegen in ihren Köpfen herum.
Hilf ihnen, die Aufgaben zu lösen.

1. Male die Ergebnisse der 9er-Reihe orange und die Ergebnisse der 3er-Reihe rot an.

1	2	3	4	5	6	7	8	9	10
11	12	13	14	15	16	17	18	19	20
21	22	23	24	25	26	27	28	29	30
31	32	33	34	35	36	37	38	39	40
41	42	43	44	45	46	47	48	49	50
51	52	53	54	55	56	57	58	59	60
61	62	63	64	65	66	67	68	69	70
71	72	73	74	75	76	77	78	79	80
81	82	83	84	85	86	87	88	89	90
91	92	93	94	95	96	97	98	99	100

2. Löse die Kernaufgaben.

1 • 9 = 9	1 • 3 = 3
2 • 9 = 18	2 • 3 = 6
5 • 9 = 45	5 • 3 = 15
10 • 9 = 90	10 • 3 = 30

3. Rechne die Aufgaben. Die Kernaufgaben können dir helfen.

2 • 9 = 18	5 • 9 = 45	5 • 9 = 45	10 • 9 = 90	10 • 9 = 90
2 • 9 = 18	1 • 9 = 9	2 • 9 = 18	1 • 9 = 9	2 • 9 = 18
4 • 9 = 36	6 • 9 = 54	7 • 9 = 63	9 • 9 = 81	8 • 9 = 72
2 • 3 = 6	5 • 3 = 15	5 • 3 = 15	10 • 3 = 30	10 • 3 = 30
2 • 3 = 6	1 • 3 = 3	2 • 3 = 6	1 • 3 = 3	2 • 3 = 6
4 • 3 = 12	6 • 3 = 18	7 • 3 = 21	9 • 3 = 27	8 • 3 = 24

Lösungen: Übung 3

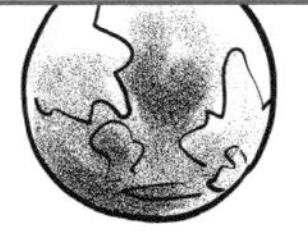

In der Nacht träumen Micha und Eleni von einem Abenteuer hinter der Tür.
Viele Malaufgaben kreisen in ihren Träumen herum.
Hilf ihnen, die Aufgaben und Ergebnisse zu finden.

**1. Suche drei Malaufgaben und ihre Ergebnisse.
Verbinde und schreibe die Aufgaben auf!**

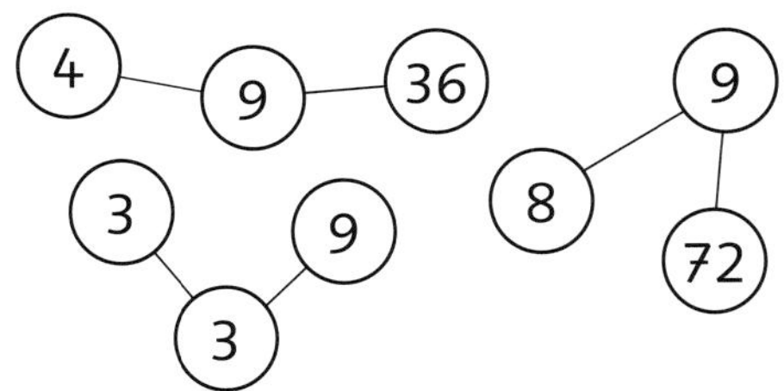

4 · 9 = 36
3 · 3 = 9
8 · 9 = 72

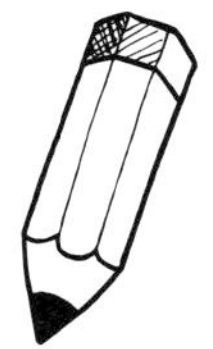

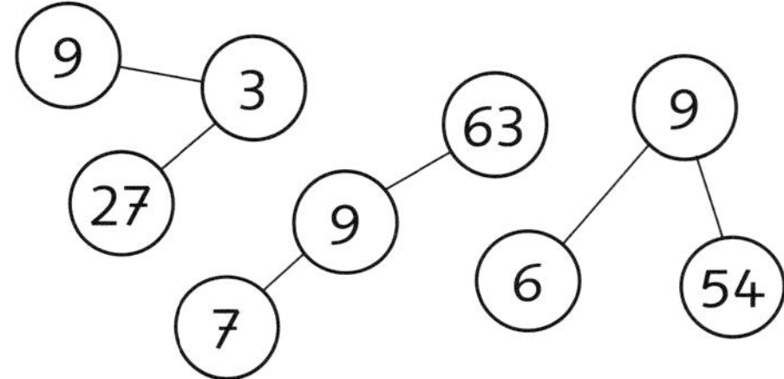

9 · 3 = 27
7 · 9 = 63
6 · 9 = 54

2. Löse die Malaufgaben.

• 9	
3	27
7	63
5	45
6	54
8	72
10	90
0	0
2	18
9	81
4	36
1	9

• 3	
4	12
1	3
3	9
7	21
5	15
8	24
0	0
2	6
6	18
10	30
9	27

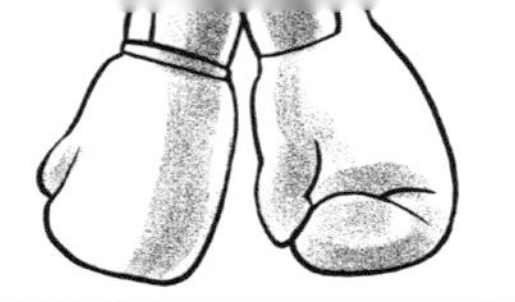

Lösungen: Übung 1

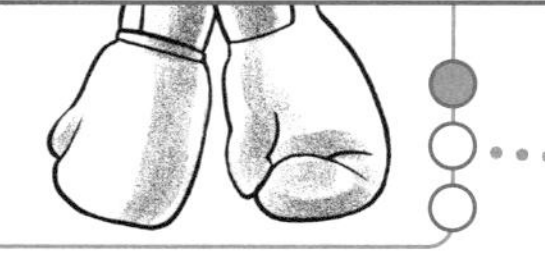

Den ganzen Tag denken Micha und Eleni an die Abenteuer hinter der Tür.
Viele Malaufgaben fliegen in ihren Köpfen herum.
Hilf ihnen, die Aufgaben zu lösen.

1. Rechne zu jedem Bild die Plusaufgabe und die Malaufgabe.

7 + 7 + 7 + 7 + 7 = 35 5 · 7 = 35	10 + 10 + 10 + 10 = 40 4 · 10 = 40	7 + 7 = 14 2 · 7 = 14
7+7+7+7+7+7+7+7+7=63 9 · 7 = 63	7 + 7 + 7 + 7 + 7 + 7 + 7 = 49 7 · 7 = 49	10+10+10+10+10+10 = 60 6 · 10 = 60

2. Rechne Aufgabe und Tauschaufgabe.

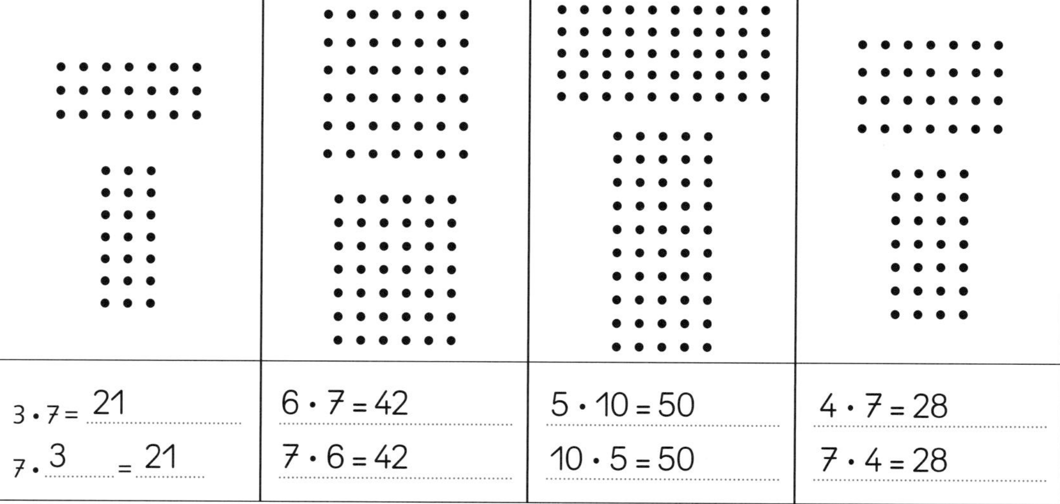

3 · 7 = 21 7 · 3 = 21	6 · 7 = 42 7 · 6 = 42	5 · 10 = 50 10 · 5 = 50	4 · 7 = 28 7 · 4 = 28

Lösungen: Übung 2

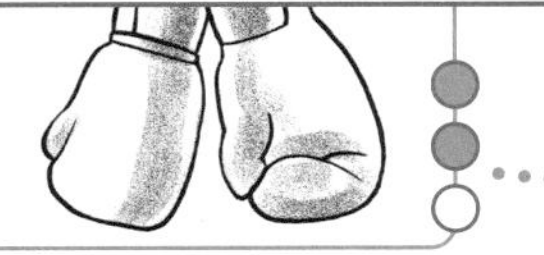

Tag und Nacht denken Micha und Eleni an die Abenteuer hinter der Tür.
Viele Malaufgaben fliegen in ihren Köpfen herum.
Hilf ihnen, die Aufgaben zu lösen.

1. Male die Ergebnisse der 7er-Reihe lila und die Ergebnisse der 10er-Reihe gelb an.

1	2	3	4	5	6	7	8	9	10
11	12	13	14	15	16	17	18	19	20
21	22	23	24	25	26	27	28	29	30
31	32	33	34	35	36	37	38	39	40
41	42	43	44	45	46	47	48	49	50
51	52	53	54	55	56	57	58	59	60
61	62	63	64	65	66	67	68	69	70
71	72	73	74	75	76	77	78	79	80
81	82	83	84	85	86	87	88	89	90
91	92	93	94	95	96	97	98	99	100

2. Löse die Kernaufgaben.

1 • 7 = 7	1 • 10 = 10
2 • 7 = 14	2 • 10 = 20
5 • 7 = 35	5 • 10 = 50
10 • 7 = 70	10 • 10 = 100

3. Rechne die Aufgaben. Die Kernaufgaben können dir helfen.

2 • 7 = 14	5 • 7 = 35	5 • 7 = 35	10 • 7 = 70	10 • 7 = 70
2 • 7 = 14	1 • 7 = 7	2 • 7 = 14	1 • 7 = 7	2 • 7 = 14
4 • 7 = 28	6 • 7 = 42	7 • 7 = 49	9 • 7 = 63	8 • 7 = 56
2 • 10 = 20	5 • 10 = 50	5 • 10 = 50	10 • 10 = 100	10 • 10 = 100
2 • 10 = 20	1 • 10 = 10	2 • 10 = 20	1 • 10 = 10	2 • 10 = 20
4 • 10 = 40	6 • 10 = 60	7 • 10 = 70	9 • 10 = 90	8 • 10 = 80

Lösungen: Übung 3

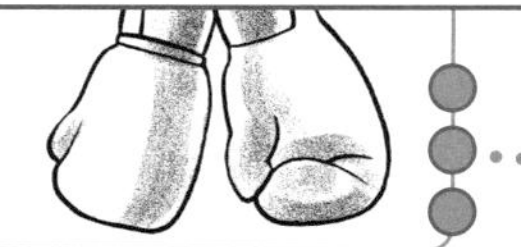

In der Nacht träumen Micha und Eleni von einem Abenteuer hinter der Tür.
Viele Malaufgaben kreisen in ihren Träumen herum.
Hilf ihnen, die Aufgaben und Ergebnisse zu finden.

**1. Suche drei Malaufgaben und ihre Ergebnisse.
Verbinde und schreibe die Aufgaben auf!**

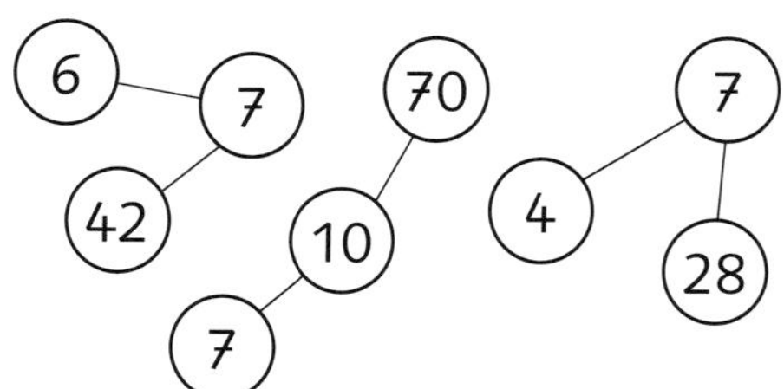

6 · 7 = 42
7 · 10 = 70
4 · 7 = 28

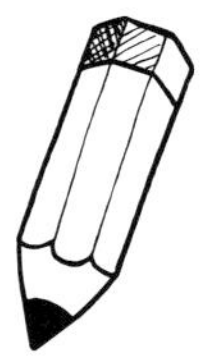

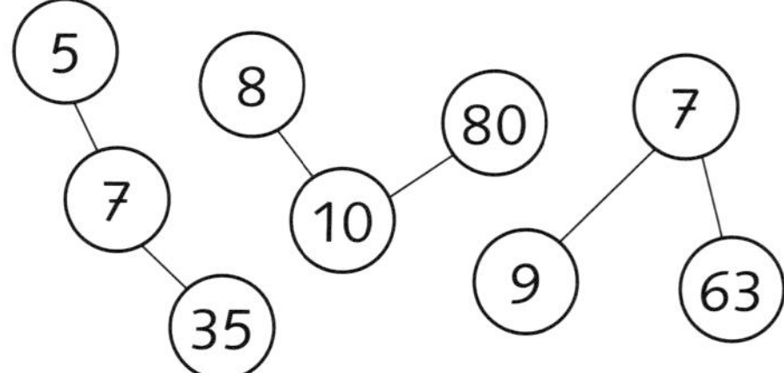

5 · 7 = 35
8 · 10 = 80
9 · 7 = 63

2. Löse die Malaufgaben.

· 7	
5	35
7	49
3	21
6	42
2	14
10	70
4	28
9	63
1	7
8	56
0	0

· 10	
4	40
9	90
3	30
7	70
5	50
1	10
0	0
10	100
2	20
6	60
8	80

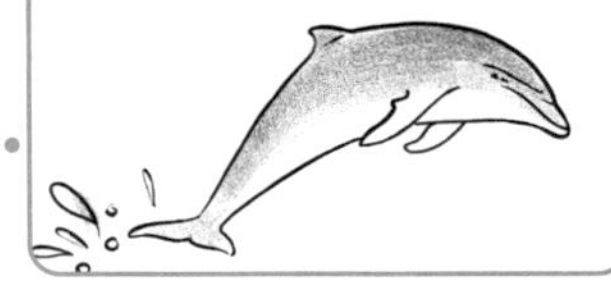

Lösungen: Übung 1

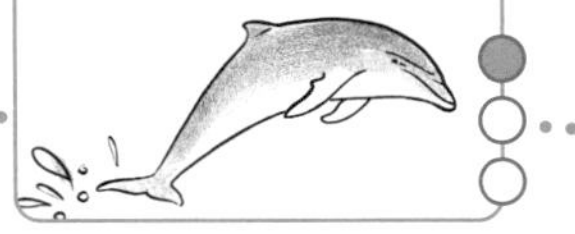

Den ganzen Tag denken Micha und Eleni an die Abenteuer hinter der Tür.
Viele Malaufgaben fliegen in ihren Köpfen herum.
Hilf ihnen, die Aufgaben zu lösen.

1. Vervollständige die Reihen.

2, 4, 6, 8, 10, 12, 14, 16, 18, 20

6, 12, 18, 24, 30, 36, 42, 48, 54, 60

8, 16, 24, 32, 40, 48, 56, 64, 72, 80

5, 10, 15, 20, 25, 30, 35, 40, 45, 50

2. Rechne Aufgabe und Tauschaufgabe.

4 • 9 = 36 9 • 4 = 36	5 • 6 = 30 6 • 5 = 30	7 • 3 = 21 3 • 7 = 21	8 • 4 = 32 4 • 8 = 32
6 • 4 = 24 4 • 6 = 24	9 • 3 = 27 3 • 9 = 27	2 • 8 = 16 8 • 2 = 16	7 • 6 = 42 6 • 7 = 42

alle Reihen

Rechenspurgeschichten für die Grundschule – **Kleines Einmaleins** 53

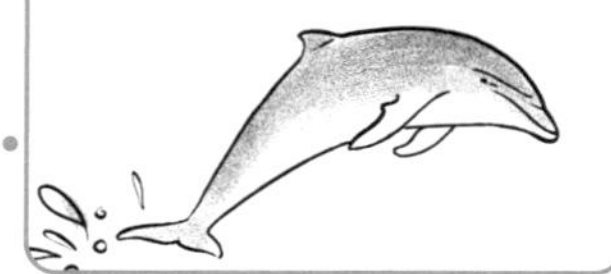

Lösungen: Übung 2

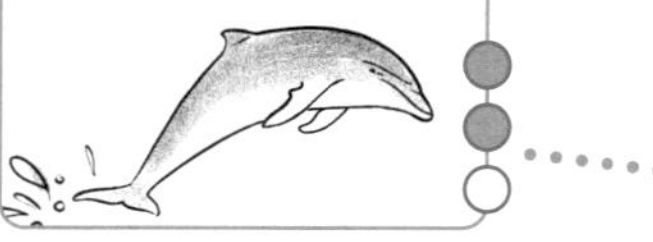

Tag und Nacht denken Micha und Eleni an die Abenteuer hinter der Tür.
Viele Malaufgaben fliegen in ihren Köpfen herum.
Hilf ihnen, die Aufgaben zu lösen.

1. Löse die Aufgaben mithilfe der Kernaufgaben.

2 • 7 = 14	5 • 6 = 30	5 • 8 = 40	10 • 9 = 90	10 • 7 = 70
2 • 7 = 14	1 • 6 = 6	2 • 8 = 16	1 • 9 = 9	2 • 7 = 14
4 • 7 = 28	6 • 6 = 36	7 • 8 = 56	9 • 9 = 81	8 • 7 = 56

2 • 8 = 16	5 • 7 = 35	5 • 4 = 20	10 • 3 = 30	10 • 6 = 60
2 • 8 = 16	1 • 7 = 7	2 • 4 = 8	1 • 3 = 3	2 • 6 = 12
4 • 8 = 32	6 • 7 = 42	7 • 4 = 28	9 • 3 = 27	8 • 6 = 48

2. Verbinde Aufgabe und Ergebniszahl. Ein Ergebnis bliebt übrig.

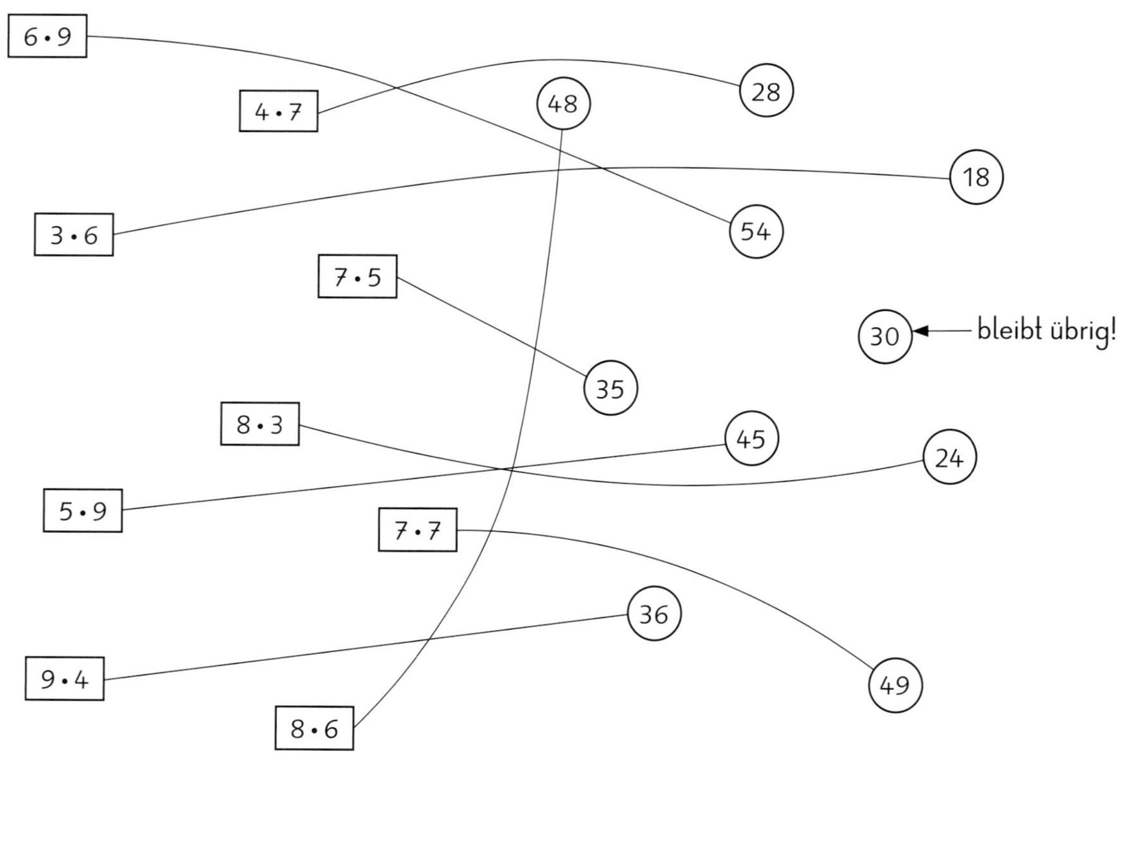

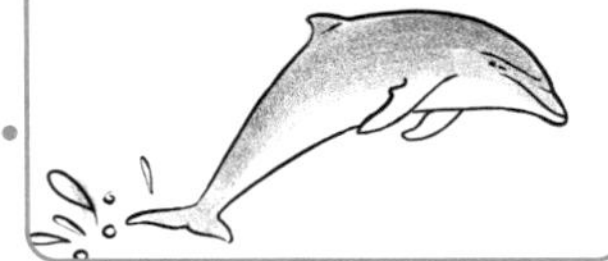

Lösungen: Übung 3

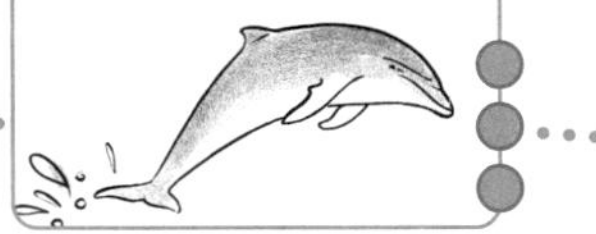

In der Nacht träumen Micha und Eleni von einem Abenteuer hinter der Tür.
Viele Malaufgaben kreisen in ihren Träumen herum.
Hilf ihnen, die Aufgaben und Ergebnisse zu finden.

1. Löse die Malaufgaben.

• 4	
2	8
3	12
6	24
4	16
8	32

• 10	
5	50
0	0
7	70
3	30
9	90

• 3	
10	30
2	6
8	24
4	12
7	21

• 7	
5	35
8	56
4	28
2	14
9	63

• 8	
3	24
6	48
10	80
9	72
5	40

2. Löse die Einmaleinsräder.

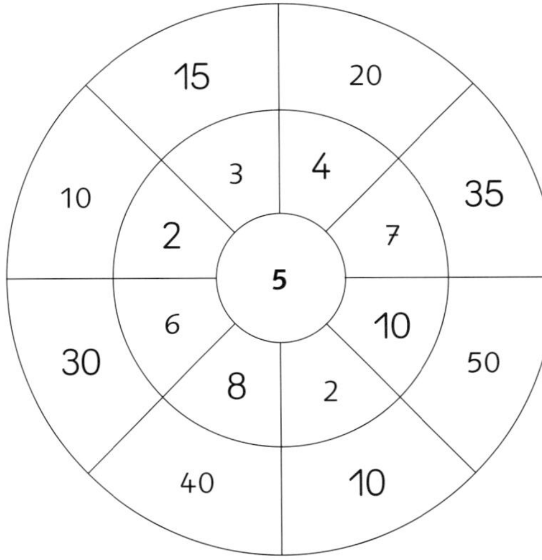

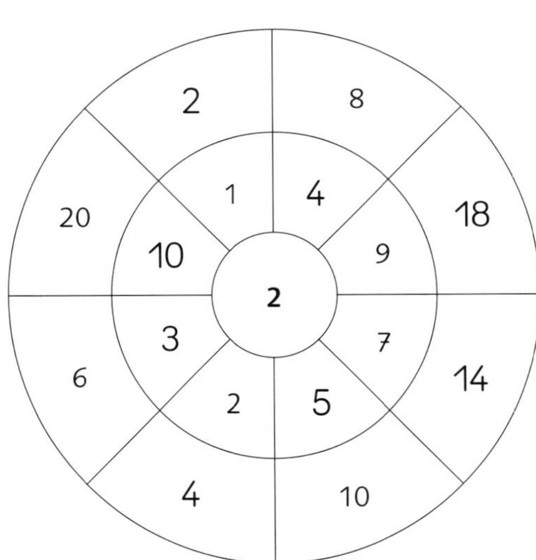

**3. Immer zwei Aufgaben haben das gleiche Ergebnis. Verbinde.
Eine Aufgabe bleibt übrig.**

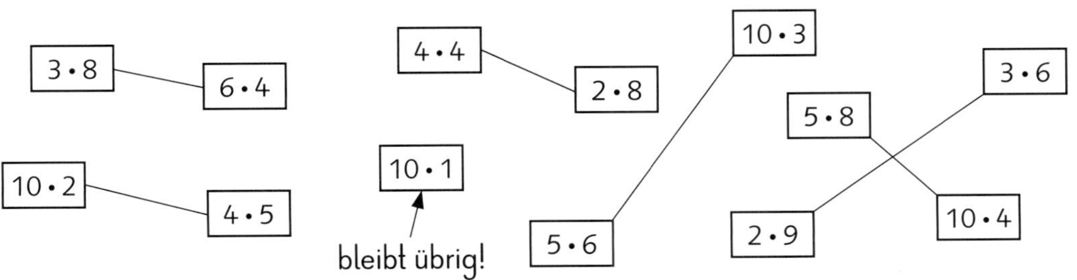

Lösungen: Übung 1

Den ganzen Tag denken Micha und Eleni an die Abenteuer hinter der Tür.
Viele Malaufgaben fliegen in ihren Köpfen herum.
Hilf ihnen, die Aufgaben zu lösen.

1. Vervollständige die Reihen.

3, 6, 9, 12, 15, 18, 21, 24, 27, 30

7, 14, 21, 28, 35, 42, 49, 56, 63, 70

4, 8, 12, 16, 20, 24, 28, 32, 36, 40

2. Rechne Aufgabe und Tauschaufgabe.

3 • 5 = 15 5 • 3 = 15	6 • 2 = 12 2 • 6 = 12	7 • 8 = 56 8 • 7 = 56	8 • 4 = 32 4 • 8 = 32
5 • 7 = 35 7 • 5 = 35	9 • 5 = 45 5 • 9 = 45	3 • 4 = 12 4 • 3 = 12	4 • 7 = 28 7 • 4 = 28

alle Reihen

Rechenspurgeschichten für die Grundschule – **Kleines Einmaleins** 59

Lösungen: Übung 2

Tag und Nacht denken Micha und Eleni an die Abenteuer hinter der Tür.
Viele Malaufgaben fliegen in ihren Köpfen herum.
Hilf ihnen, die Aufgaben zu lösen.

1. Rechne aus! Die Nachbaraufgaben helfen dir.

5 • 5 = 25	3 • 8 = 24	4 • 7 = 28	2 • 9 = 18
6 • 5 = 30	4 • 8 = 32	5 • 7 = 35	3 • 9 = 27
3 • 2 = 6	6 • 9 = 54	8 • 2 = 16	4 • 6 = 24
4 • 2 = 8	7 • 9 = 63	9 • 2 = 18	5 • 6 = 30
10 • 8 = 80	7 • 6 = 42	8 • 5 = 40	6 • 4 = 24
9 • 8 = 72	6 • 6 = 36	7 • 5 = 35	5 • 4 = 20

2. Verbinde Aufgabe und Ergebniszahl. Ein Ergebnis bleibt übrig.

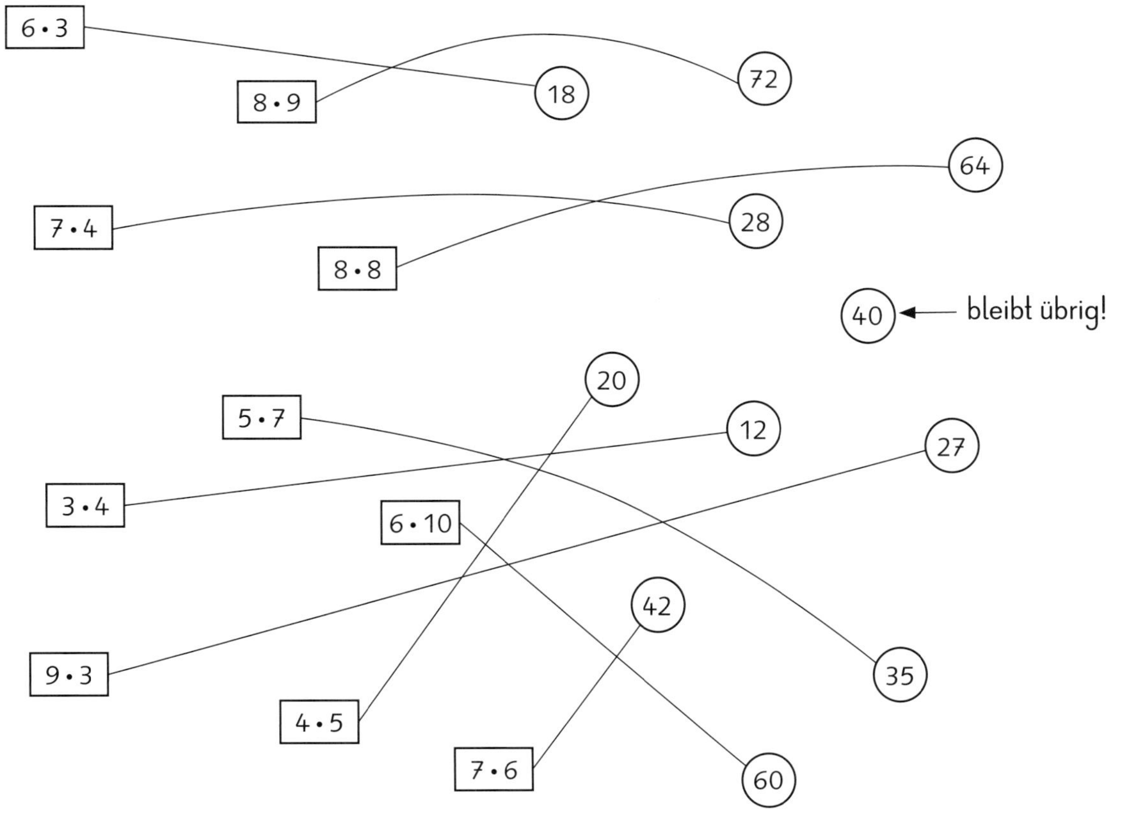

Lösungen: Übung 3

In der Nacht träumen Micha und Eleni von einem Abenteuer hinter der Tür.
Viele Malaufgaben kreisen in ihren Träumen herum.
Hilf ihnen, die Aufgaben und Ergebnisse zu finden.

1. Löse die Malaufgaben.

• 5	
2	10
3	15
6	30
4	20
8	40

• 2	
5	10
0	0
7	14
3	6
9	18

• 9	
10	90
2	18
8	72
4	36
7	63

• 6	
5	30
8	48
4	24
2	12
9	54

• 4	
3	12
6	24
10	40
9	36
5	20

2. Löse die Einmaleinsräder.

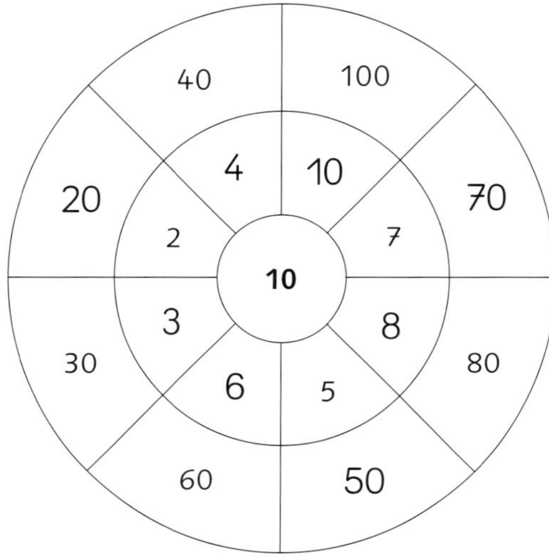

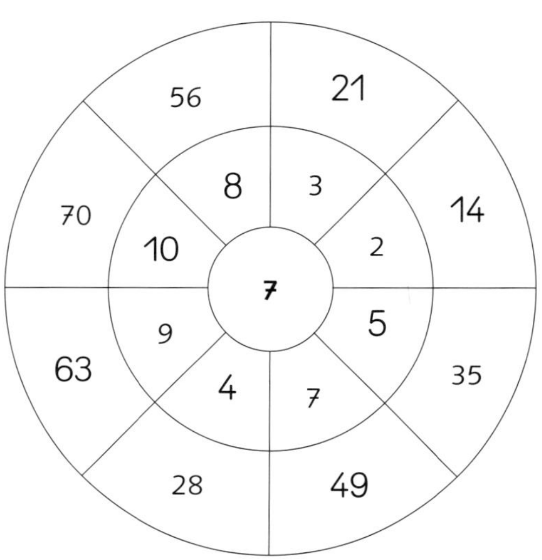

3. Immer zwei Aufgaben haben das gleiche Ergebnis. Verbinde.
Eine Aufgabe bleibt übrig.

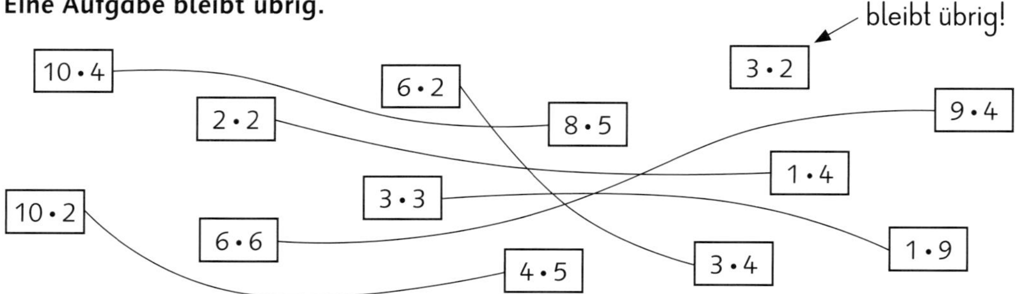